DAS KLEINE GLÜCK MÖCHTE ABGEHOLT WERDEN

Die Ministerin
Gina Schöler hat sich vorgenommen, das Bruttonationalglück zu steigern. Als Glücksministerin ist sie viel unterwegs und bewegt Menschen dazu, sich mit den Themen Glück und Zufriedenheit auseinanderzusetzen. Durch spielerische Aktionen und Workshops ermutigt sie uns, das Glück selbst in die Hand zu nehmen und unser Wohlbefinden zu steigern. Sie steht in engem Kontakt zu vielen Fachleuten, Wissenschaftlern und Politikern. Das Credo der Ministerin: Umdenken für mehr Glück pro Kopf!

Das Ministerium
Das Ministerium für Glück und Wohlbefinden ist ein interaktives Kunstprojekt und eine multimediale Kampagne mit dem Ziel, die Menschen auf kreative Weise zum Nachdenken und Handeln zu motivieren. Wie wollen wir leben? Welche Werte zählen wirklich? Was macht uns glücklich und was können wir aktiv dafür ändern oder tun?

Gina Schöler

DAS KLEINE GLÜCK MÖCHTE ABGEHOLT WERDEN

222 Anstiftungen vom Ministerium
für Glück und Wohlbefinden

Illustrationen von Sandra Schulze

Campus Verlag
Frankfurt/New York

Danke an …
alle Freunde des Ministeriums für Glück und Wohlbefinden,
meine Lieblingsmenschen
und Gretel.

ISBN 978-3-593-50589-3 Print
ISBN 978-3-593-43533-6 E-Book (PDF)
ISBN 978-3-593-43551-0 E-Book (EPUB)

Das Werk einschließlich aller seiner Teile ist urheberrechtlich geschützt.
Jede Verwertung ist ohne Zustimmung des Verlags unzulässig. Das gilt
insbesondere für Vervielfältigungen, Übersetzungen, Mikroverfilmungen
und die Einspeicherung und Verarbeitung in elektronischen Systemen.
Copyright © 2016 Campus Verlag GmbH, Frankfurt am Main.
Umschlaggestaltung: Guido Klütsch, Köln
Umschlagfoto: © Stephan Jockel
Illustrationen: Sandra Schulze, Heidelberg
Satz: Fotosatz L. Huhn, Linsengericht
Gesetzt aus: Sabon und Scala Sans
Druck und Bindung: Beltz Bad Langensalza
Printed in Germany

www.campus.de

INHALT

WAS DICH IN DIESEM BUCH ERWARTET 17

GLÜCK IST … 19

LICHTBLICK 23

SONNENBESUCH 24

FRIEDLICHER ABSCHIED 24

IMMER MIT DER RUHE 25

DAS ERSTE MAL 27

GRÜNE GUERILLA 28

TODAY IS GONNA BE THE DAY 29

BAUCH GEGEN KOPF 29

SCHWEBEND 30

PERSPEKTIVENWECHSEL 31

GEPÄCKTRÄGERFAHRT 32

SÜSSE LAUS 33

UNTEN OHNE 33

WOLKENWANDERUNG 34

SAUWETTER	35
FREIER FALL	36
ALLES IST MÖGLICH	37
TRAUMKONZERT	38
WILLKOMMEN IM LEBEN	39
FAMILIENBANDE	40
DER LETZTE TAG	41
GUMMIBÄRCHENWÜNSCHE	42
VERGESSENE MOMENTE	43
HOMMAGE AN DAS LEBEN	44
GRÜNE AUSSICHT	45
SCHÖNES RAD	46
DAS HIMBEERBONBON	48
DREI DINGE	49
SELBSTERFÜLLENDE PROPHEZEIUNG	50
EIN TAG IN ROM	51
NIKOLAUSTAG	51
ÜBER DEN WOLKEN	52
VERSCHWOMMEN	53
LEISES LAUSCHEN	54
MEHR MEER	55

MUTIG SEIN 56
 SANDKASTENGELÜSTE 57
 WENN GEDANKEN FLIEGEN LERNEN 58
 STRASSENMELODIE 58
 HEIMISCHES PARADIES 59
 TREIBEN LASSEN 60
 PLÖTZLICH IST ER DA 61
 GLITZERN IM AUGENWINKEL 62
 IT'S NOT A BUG, IT'S A FEATURE 63
 GEMEINSAM TRAURIG 64
 KINDERKISTE 65
 BUCHSTABENTEUER 66
 KLEINER BRUDER 67
 ACHTSAMES ERWACHEN 68
 WIMMELBILD 69
REISEFIEBER 70
DER HEIMWEG 71
AUF DIE LISTE, FERTIG, LOS! 72
LILA WOLKEN 73
WEIT WEG 74
 BESSERE HÄLFTE 75

ALTE LIEBE ROSTET NICHT	76
LIEGEN UND LAUSCHEN	77
KUSCHELPARTY	77
EIN BRIEF AN MEINEN BRUDER	78
BESONDERE VERBINDUNG	79
ZURÜCK AUF LOS	81
NEUES LEBEN	82
ÜBER ALLE BERGE	82
ABEND DER FÜLLE	83
SCHÖNE ZEITVERSCHWENDUNG	84
FRÜHLINGSDUFT	85
TRAURIGE FREUDE	86
AUF DEN SPUREN VON WINNETOU	87
SCHLAGARTIG RUHIG	88
KEINE HOSE, KEIN PROBLEM	89
WIE DU MIR, SO ICH DIR?	89
LEBENSLUST	90
PARTY DER SINNE	91
KLACKERNDE VORFREUDE	92
SCHLAF, KINDLEIN, SCHLAF	93
NACH IHNEN	93

FREIE ZEIT	94
(K)EINE TYPISCHE FAMILIENFEIER	95
DIE DICKE FRAU	96
PAUSENAUFSICHT	98
SCHNÜFFBACK	98
GESCHÄFT MIT AUSSICHT	99
ALL EIN	100
WETTRENNEN	101
STILLE GESELLSCHAFT	102
BLAU MACHEN	103
SONNENSCHAUER	104
FATA MORGANA	105
WOFÜR ARBEITEN WIR?	106
FREMDE WELTEN	107
EIN ROSAROTER TRAUM	107
AUF DER JAGD	108
ENDORPHINTASTISCH	109
KLEINER NEUANFANG	110
DAS WUNDERBARE IM ALLTÄGLICHEN	111
HOFFNUNGSSCHIMMER	112
DRAUSSEN IN DER STILLE	113

RAUFEN, RANGELN, RUMPELEI 113
GRINSEKUSS 114
ZWANGSPAUSE 115
SÜSSES LEBEN 116
LUNCH IM ELSASS 117
ZEIT FÜRS WESENTLICHE 118
EINE PORTION FEIERABEND 119
FELDWEG 78 119
SINNLICHER ABEND 120
ALLES WIRD GUT 122
TURBULENZEN MIT HAPPY END 122
ATMEN 123
DA PFEIF ICH DRAUF 124
SCHWARZ ZU BLAU 125
REGENBEGEGNUNG 126
ENDE EINES SOMMERTAGS 127
EISZEIT 128
RUCKSACKREISE 129
GRENZGÄNGER 130
DÖP, DÖP – DÖDÖDÖ 131
DAS LEBEN IST EIN SPIEL 131

 KÄSEGLOCKENTAG 132
 IM FLOW 133
 BALKONGESPRÄCHE 134
KEINE TERMINE 135
 RAUMERFAHRUNG 136
 WARMER SCHAUER 137
 DER ERSTE SCHRITT 138
 STUNDENLANGES STÖBERN 139
 ICH KOMME GLEICH NACH 140
 ALLTAGSABENTEURER 141
 TÜREN ÖFFNEN SICH 142
 DIE WELT STEHT KOPF 143
 DAS PARADIES IM AUGENBLICK 143
 HAND IN HAND 144
 DER ROTE REGENSCHIRM 145
 TIEFER SCHLAF 146
PLANLOS 146
 FLOHMARKTFINDEREI 147
 EINE KONSERVE GLÜCK 148
 ÜBER ALLE GRENZEN HINWEG 149
 WIPFELGLÜCK 150

DANKE FÜR DIESEN TAG	151
STRAHLENDE AUGEN	152
SCHNECKENKUNDE	153
EIN STRÄUSSCHEN GLÜCK	154
VOM EINZELNEN ZUM GANZEN	155
KLEINER MUTMACHER	156
REGENORCHESTER	157
GLÜCK GESTALTEN	158
DAS SEUFZEN DES WINTERS	159
MIT VERSPÄTETEN GRÜSSEN	160
KNACK UND WEG	161
DIE WELT IST SCHÖN	162
WOHNZIMMERKONZERT	163
VON SCHÄRFE UND SELBSTVERSTÄNDNIS	163
KOPFKINO	164
NACH REGEN KOMMT SONNE	165
EINFACH MAL SETZEN LASSEN	166
GESCHMACKSACHE	167
PLANÄNDERUNG	168
LASS UNS QUATSCH MACHEN	169
GEMEINSAM LEBEN LERNEN	170

SUPERMARKTGESCHICHTEN 171

DOSENPFIRSICHE 172

MORGENGRAU 173

EIN BILD DER ZUKUNFT 174

LIEBLINGSLICHT 175

KLICKERLIEBE 176

NICKERCHEN 177

SCHOKO AND THE CITY 178

FRIDOLIN 179

KITZELN UND KNISTERN 179

GANZ EINFACH 180

HANG LOOSE 181

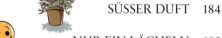
GEBEN UND NEHMEN 182

SÜSSER DUFT 184

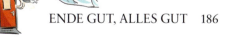
NUR EIN LÄCHELN 185

MUMMELEI 185

ENDE GUT, ALLES GUT 186

VERÄNDERUNG BEGINNT IM HERZEN 187

FEIERABENDPICKNICK 188

DAS BLAUE KLEID 189

MEIN TAG 190

AUF DAS LEBEN	191
LAUT UND BUNT	192
KLATSCH UND TRATSCH	193
AUS DER REIHE TANZEN	194
RETTUNG IN LETZTER NOT	195
JA-SAGER	196
DAS GUTE LIEGT SO NAH	197
TICKTACK	198
WENIGER IST MEHR	199
ALLTAGSHELD	200
LAKENLIEBE	201
GRASHALMPFEIFEN	202
SILVESTERSENTIMENTALITÄT	202
GLÜCKSKICK	203
RAUSGEPUTZT	205
STARKES SCHLÜCKCHEN	205
GLÜCKSKEKSBÄCKEREI	206
HEIMLICHE SPINNEREI	207
DER COIN-EFFECT	208
KLEINES UNIVERSUM	209
ALLTAGSCLOWN	210

 AUSGESAUGT 211
 BANK DER BEGEGNUNG 212
 FAXGESPRÄCHE 213
 HUNDEFELLPAUSEN 214
 VOM KOCHEN UND KALKULIEREN 215
 LIEBESBRIEFE 216
 DER TÜRKISBLAUE TORSCHREI 217
 MÜLLMANNLIEBE 218
 HIMMIHERRGOTTSAKRAMENT 219
 LIEBDRÜCK 220

 WIEDERSEHEN ZWISCHEN LEBEN UND TOD 220
 BASSBEBEN 222
 NICHT GUT GENUG UND DOCH PERFEKT 222
 TATORTPIZZA 223
 LUFTGITARRENSOLO UND LACHANFÄLLE 224
 VON TRÄNEN UND REGENTROPFEN 225
 POST VOM RHEIN 226
 WILDE WIESEN 227
 KINDERKUSS 228

LUST AUF GLÜCK? JETZT BIST DU DRAN! 231

LASS DICH INSPIRIEREN! 232

WAS DICH IN DIESEM BUCH ERWARTET

Wie nimmst du die Welt wahr? Was lässt dich staunen? Welche Momente behältst du gerne in Erinnerung und was bringt dich zum Lächeln? Wann denkst du dir: Das Leben ist schön!

Häufig sind es die kleinen Dinge im Leben, die flüchtigen Begegnungen mit dem Glück, die unser Leben lebenswert machen. Wäre es nicht schön, diese magischen Momente immer öfter zu erleben? Dieses Buch zeigt dir, wie das geht. Die Kunst liegt darin, genauer hinzusehen und sich in die kleinen und großen Abenteuer des Alltags zu stürzen.

Verabrede dich zu einem aufregenden Date mit dem kleinen Glück! Mach eine Liebeserklärung an dein Leben und hab Spaß dabei, dein ganz persönliches Glücksmosaik zusammenzusetzen!

Und das Schönste ist: Wenn jeder von uns im Kleinen sein Glück lebt, können wir auch im Großen etwas zum Positiven verändern. Ganz nach dem afrikanischen Sprichwort: »Wenn viele kleine Leute an vielen kleinen Orten viele kleine Dinge tun, können sie das Gesicht der Welt verändern.«

Wie ich darauf komme, dich und andere Menschen glücklich machen zu wollen? Seit einigen Jahren führe ich die Initiative *Ministerium für Glück und Wohlbefinden*, die es sich zum Ziel gesetzt hat, Menschen auf ganz unterschiedliche und kreative Weise dazu zu animieren, sich mit den wichtigen Themen Glück und Lebensfreude auseinanderzusetzen. Das Ministerium zeigt auf, wie viel Spaß es macht, sich dem guten Leben zu widmen. Als Glücksministerin werde ich oft gefragt, was Glück ist, was man tun kann, um es zu finden oder es zu steigern, was mich persönlich glücklich macht, ob ich ein besonderes Rezept habe und ob dieses Projekt meine Sicht auf das Leben verändert hat.

In diesem Buch erfährst du mehr darüber. Du erhältst einen Einblick in den Alltag einer Glücksministerin, tauchst ein in viele persönliche Begegnungen und Erlebnisse von Fans, die mir ihre Geschichten erzählten oder schrieben (rote Texte), sowie Freunden des Ministeriums (blaue Texte), lernst, wie du das Glück im Kleinen findest und welche besonderen Situationen dich spüren lassen, dass du das Leben liebst.

Mach dir dieses Buch zu eigen! Kreuze deine Lieblingsstellen an, ergänze sie und sprich mit deinen Lieblingsmenschen darüber. Werde Teil der Glücksbewegung, sammle deine Gedanken, Gefühle, Begegnungen und Bilder. Schreib deine eigene Geschichte und teil sie mit anderen unter www.MinisteriumFuerGlueck.de/DasKleineGlueck.

GLÜCK IST ...

Glück ist lebensverändernd. Wenn du dich intensiv mit diesem wunderbaren Thema beschäftigst, dir Gedanken über das gute Leben machst und mutig Dinge angehst und ausprobierst, kann sehr viel passieren. Und das ist gut so! Jeder hat es selbst in der Hand, sein eigener Glücksexperte zu werden. Es geht darum, dass du deine Sichtweisen veränderst, deine Perspektive wechselst, deine Augen und Ohren und vor allem dein Herz öffnest. Denn ...

Glück ist überall. Schon Konfuzius sagte: »Die Freude ist überall. Es gilt nur, sie zu entdecken.« Warte also nicht auf das ganz große Glück, sondern nimm das Hier und Jetzt wahr und lerne es zu schätzen. Das kleine Glück wartet überall darauf, von dir entdeckt und abgeholt zu werden. Es lugt hinter jeder Ecke hervor, zwinkert dir zu und ist gespannt, ob du gedankenverloren an ihm vorbeigehst oder ob du stehen bleibst, staunst und dich daran erfreust. Viele kleine Momente und Möglichkeiten setzen sich zu etwas Großem zusammen. Manchmal nimmt man sie gar nicht wahr, manchmal verändern sie ein ganzes Leben. Von einer Kündigung bis zur Liebeserklärung, von einem Lächeln der Kassiererin bis zur dankbaren Umarmung eines guten Freundes ... in der gemischten Tüte des Lebens ist alles enthalten!

Glück ist eine Reise. Es geht im Leben nicht um die Suche nach dem Glück, sondern um das Glück beim Suchen. Glück ist nicht das Ziel, es ist der Weg an sich, den du mit einer großen Portion Spaß, Achtsamkeit und Lebensfreude bestreiten kannst.

Mal geht es holprig zu, mal ist es steil und anstrengend, mal verläuft man sich, macht einen Schritt zurück, schlägt eine neue

Richtung ein. Manche Weggefährten ändern sich im Laufe des Lebens, andere begleiten dich für immer. Mach dich auf die Reise und pack deinen Rucksack mit Bedacht. Nimm nur mit, was du wirklich brauchst. Lass Unwichtiges hinter dir, freu dich auf neue Herausforderungen, genieß die Aussicht und schau stets nach links und rechts. Du wirst Wunderbares entdecken! Mach dich auf und stürz dich ins Abenteuer, um herauszufinden, wohin der Weg dich führt. Die Welt ganz bewusst wahrzunehmen, sich und anderen etwas Gutes zu tun und sich selbst nicht immer ganz so ernst zu nehmen, kann Wunder bewirken. Probier es aus und mach mit! Werde Teil der Bewegung und erarbeite gemeinsam mit anderen Glückssuchern das Bruttonationalglück!

Glück ist Balance. Als Glücksministerin erfinde ich das Glück nicht neu, ich mache es erlebbar und alltagstauglich. Ich mache Appetit darauf und lade jeden ein, mitzumachen. Nur nicht das dauergrinsende Honigkuchenpferd mit der rosaroten Brille. Denn zum Leben gehören Höhen und Tiefen dazu. Es ist stets eine Mischung aus Freude und Leid. Aus Gas geben und bremsen. Geben und nehmen. Einatmen und ausatmen. Dem Ministerium für Glück und Wohlbefinden geht es darum, dir zu zeigen, wie du die Balance in deinem Leben halten kannst. Dir zu zeigen, wie du dich nicht aus der Ruhe bringen lässt, Luft holst, deine Gedanken neu ordnest und das Beste aus allem machst. Dein Tag mag noch so grau sein, deine Situation noch so aussichtslos: Doch das Glück ist da. Und es will von dir abgeholt werden!

Glück hat viele Gesichter. Die Anstiftungen in diesem Buch erheben nicht den Anspruch, dein Glück zu definieren oder es in eine bestimmte Schublade zu stecken. Glück ist individuell und so unterschiedlich, wie wir Menschen eben sind. Es ist bunt und lebendig. Es bewegt sich, ist flüchtig, es kommt und geht, mal streift es dich sanft, mal überrumpelt es dich. Es besteht aus vielen Facetten und einige davon finden sich auf den kommenden Seiten. 222 Momentaufnahmen des Glücks, Anekdoten aus dem Alltag, Geschichten, die das Leben schreibt. Lass dich darauf ein, lass dich inspirieren, zum Nachdenken und vor allem zum Mitmachen: Nachmachen ist ausdrücklich erlaubt! Und wer weiß, auf welche neuen Ideen du kommst, wenn du den ersten Schritt gemacht hast?

Glück braucht eine Portion Mut. Natürlich musst du nicht gleich die Welt retten. Aber du kannst den ersten Schritt machen, indem du dein eigenes Glücksempfinden steigerst. Lass dich von diesem Buch entführen, tauch ein in all die unterschiedlichen Geschichten und Begegnungen, empfinde sie nach, lass deine Gefühle zu und beobachte sie genau. Lass dich darauf ein und schau, welche der kleinen Aufgaben und Anregungen für den Alltag du ausprobieren möchtest.

Dieses Buch ist dein Mutmacher. Es will dir einen Schubser in die richtige Richtung geben, dir zeigen, dass es sich nicht lohnt, die Dinge zu zerdenken, sondern dass es besser ist, einfach loszulegen und zu machen. Glück ist das Einzige, das sich verdoppelt, wenn man es teilt. Du kannst also nur gewinnen!

Glück ist Geschmacksache. Du siehst, ein Glücksrezept wird es von mir nicht geben. Du darfst dir vielmehr dein ganz persönliches Rezept zusammenstellen. Du bist der Chefkoch, der würzen und abschmecken darf. Manchmal musst du nachsalzen, manchmal braucht es etwas Schärfe – ganz nach deinem Geschmack. Auf den kommenden Seiten findest du jede Menge Zutaten …

LICHTBLICK

Es ist später Nachmittag, als ich von der Arbeit nach Hause laufe. Die Menschen in meinem Viertel scheinen gestresst zu sein oder sie sind einfach genervt von dem nicht enden wollenden Grau in Grau des Winters. Kaum jemand schaut mir in die Augen und jeder ist damit beschäftigt, schnellstmöglich durch die Ungemütlichkeit nach Hause zu kommen. Irgendwie trübt die Situation auch meine Laune und obwohl ich mich sehr auf ein leckeres Abendessen freue, grummele ich trotzdem vor mich hin und hänge Tausenden unnötigen Gedanken nach.

Etwas abwesend biege ich um die vorletzte Ecke, bevor mein Haus voller Ruhe und Geduld wie jeden Tag auf mich wartet. Ich höre plötzlich ein lautes Glucksen, ein Quieken und Japsen. Um die Ecke biegt eine ältere Dame. Im Rollstuhl sitzend, wird sie von ihrem Mann geschoben. Sie gibt diese unerwarteten Geräusche von sich. Ich bin kurz verwirrt, da ich die Situation nicht sofort einschätzen kann. Schnell erkenne ich, was los ist: Sie hat einen ausgelassenen Lachanfall!

Sie kichert, lacht und schreit fast dabei. Ohne Scham prustet sie herrlich aus sich heraus und kriegt sich gar nicht mehr ein. Der Herr hinter ihr freut sich sehr, denn er scheint der Grund des Ganzen zu sein. Er muss einen fantastischen Humor haben. Die beiden sind ein wahrer Lichtblick, denn sie symbolisieren gerade jetzt, wie schön das Leben doch ist. Gedanken, Sorgen, schlechtes Wetter, stressige Arbeit hin oder her. Das hier zählt! Diese authentische Freude, die von ganzem Herzen kommt, sie steckt mich komplett an. Ich muss laut mitlachen, obwohl ich auf der gegenüberliegenden Straßenseite laufe. Die beiden bemerken mich nicht, so sehr sind sie mit Lachen beschäftigt. Ich drehe mich um und schaue der Frau im Rollstuhl noch lange nach, obwohl es gerade anfängt zu regnen. Meine Laune könnte nicht besser sein, als ich zu Hause ankomme.

❀ Lach laut und aus vollem Herzen, sodass du andere damit ansteckst.

SONNENBESUCH

Er ist ein wunderbarer großer Sessel aus altem Holz mit einem leicht verblassten türkisfarbenen Bezug. Sein Polster ist so weich und samtig, dass er immer wieder eine verlockende Einladung ist, wenn man das Wohnzimmer betritt. Dieser Sessel ist schuld an vielen Prokrastinationsmomenten und ich bereue keinen einzigen davon. Oft sitze ich da und tue einfach gar nichts, manchmal begleitet mich dabei eine dampfende Tasse Tee. Es ist ganz still zu Hause, irgendwo im Nebenzimmer schnauft ein Hund im Schlaf erleichtert. Ich kann meinen eigenen Puls hören und meine Beine baumeln über der Lehne.

In diesem Moment schaut die Sonne herein, sie sucht sich ihren Weg durch das Fenster, tastet sich auf dem Fußboden voran und erreicht schließlich den Sessel – und mich. Sie setzt sich auf meinen Schoß, ich beobachte ihre Strahlen und habe durch ihre Wärme eine wunderbare Gänsehaut. Mit geschlossenen Augen versuche ich, so viel wie möglich davon zu speichern.

Im nächsten Moment verschwindet sie wieder hinter der Wolkendecke und ich freue mich über den spontanen Besuch.

🐚 Setz dich in die Sonne und genieß die Wärme.

FRIEDLICHER ABSCHIED

Es gibt einen Wald, der immer wieder meine Glücksrezeptoren belebt.

Der Geruch von Tannen, die vielfältige Farbenwelt der Laubbäume und die kleinen Gewässer, die sich ihren Weg durch den Wald bahnen, lassen mein Herz höher schlagen.

Diese Freude darf ich jedes Mal spüren, wenn ich meine Mutter im Ruheforst besuche. Sie hat mir mit ihrem Wunsch, in diesem Wald an einem Baum beerdigt zu werden, ein lebenslanges Glück hinterlassen.

Wann immer ich mich auf den Weg dorthin mache, sind wie auf Knopfdruck die letzten Worte meiner Mutter präsent: »Ich bin immer in guten Gedanken bei dir.«

Und auch die zeitlose Stille während des Abschieds spüre ich immer wieder. Die Tatsache, dass dieser Ruheforst im Wald meiner Kindheit angelegt wurde, hat für mich eine ganz besondere Bedeutung. Andere gehen auf den Friedhof, ich darf in den Wald meiner Kindheit gehen.

Im Herbst stapfe ich durch hohe Blätterhaufen und im Winter durch glitzernden Schnee. Wie damals – nur die Stiefel sind etwas größer.

Unser Baum steht direkt an einer großen Lichtung. Mit ihm im Rücken, den weichen Moosboden unter den Füßen und die Handflächen auf der lebendigen Baumrinde habe ich gerade im Frühling schon so manches magische Lichtspiel erlebt. Und in heißen Sommertagen ist der Schutz des Waldes für mich und meinen Hund eine Wohltat und ein herrlicher Zufluchtsort.

Das Glück reift mit jedem Waldspaziergang ein kleines Stückchen mehr. Ich werde den Weg hoffentlich noch oft erleben. Bis er eines Tags auch für mich dort enden wird.

– Birgit-Rita Reifferscheidt

🌀 Mach einen Spaziergang an einem friedlichen Ort und genieß die Stille.

IMMER MIT DER RUHE

Es ist ein Phänomen, das sehr weitverbreitet ist: chronische Aggression hinterm Steuer in Form von cholerischen Anfällen und unfreundlichen Ausfälligkeiten. Das Ganze gibt es im Kombipaket mit Bluthochdruck, wilden Gesten, ohrenbetäubendem Gehupe oder kreativen Schimpfwortneuschöpfungen. Das kannte ich auch eine ganze Weile, denn obwohl ich ein friedliebender Mensch bin, so bin ich im Auto ab und an zu Höchstleistungen aufgestiegen. Wie oft habe ich mich über andere Autofahrer, Fußgänger oder rücksichtslose Fahrradfahrer geärgert. Die einen waren zu langsam, die anderen haben mich genervt, weil sie mich bedrängt haben. Grünphase nicht erwischt, Parkplatz weggeschnappt, in das Reißverschlusssystem nicht reingelassen worden – es gibt wirklich viele Gründe, sich im Straßenverkehr aufzuregen. Eines Tages kam ich besonders gestresst bei einem sehr wichtigen Termin an und habe mich dann gefragt, warum dies so ist. Was hat es mir gebracht, mich derart stressen zu lassen und mich aufzuregen? Ist die ältere Dame deshalb schneller gefahren oder hat sich der Stau dadurch aufgelöst? Wohl kaum. Also habe ich beschlossen, es doch einfach sein zu lassen. Mir zuliebe. Und auch den anderen zuliebe. Denn wenn man entspannter fährt, gibt es auch gleichzeitig viel weniger brenzlige Situationen, die sonst aus reiner Ungeduld heraus entstehen können. Was mir sehr dabei hilft, auch in den unmöglichsten Momenten gelassen zu bleiben, ist Musik. Ich habe seitdem aufgehört, bestimmte Radiosender oder Musik zu hören, die mich oft unbewusst in der Hektik bestärkt haben. Seitdem mein Lieblingsklassikradiosender läuft und ich von sehr ruhigen und angenehmen Stimmen spannende Themenbeiträge höre und klassischen Konzerten lausche, ist es ein völlig anderes Fahrgefühl. Und wie viel Spaß es dazu noch macht, diese Ruhe an andere Autofahrer weiterzugeben. Anderen in absurden oder nervigen Situationen einfach ein Lächeln rüberzuschicken, kann oft Wunder bewirken.

🏵 Lächle jemanden im Auto neben dir an.

DAS ERSTE MAL

Ich sitze auf meiner Dachterrasse und genieße AC/DC live: Am Stadtrand geben die Hardrock-Dinos gerade ein kilometerweit hörbares Open-Air-Konzert. Während ich den altbekannten Songs lausche, frage ich mich, wie oft die Herren diese Stücke in ihrem Leben wohl schon gespielt haben – und wie sie es hinbekommen, ihr Publikum auch noch beim x-tausendsten Mal so mitzureißen?

Ich vermute, die Antwort ist simpel: Sie spielen jedes Konzert so, als wäre es ihr erstes. Ich glaube fest, dass sie sich jedes Mal (ja, jedes einzelne Mal!) so ihrer Sache hingeben, als wäre genau dieser gerade im Moment gespielte Song vor genau diesem Publikum der wichtigste Moment in ihrem Musikerleben. Denn nur so schaffen sie es, dass sich ihre Arbeit zwar professionell, aber immer noch frisch, echt und einzigartig anfühlt.  Die unzähligen kleinen professionellen Routinen nehmen ihnen so keine Lebendigkeit weg, sondern geben ihnen die Sicherheit, sich auf das zu konzentrieren, worauf es im Kern ankommt: Auf die Sache selbst, auf das Jetzt – und genau das spürt das Publikum.

Und ich bin der festen Überzeugung, dass jeder, der voll und ganz »sein Ding macht« und liebt, was er tut, in seiner Arbeit Ähnliches erleben kann. Wer es nicht liebt, kämpft gegen vermeintlich langweilige Routine – und bleibt im Mittelmaß stecken.

Der Trick besteht letztlich darin, sich wirklich auf jedes einzelne Mal so zu konzentrieren und dabei ganz im Moment zu sein und das Beste zu leisten, was gerade geht. Wer das schafft, wer sich das beibringt, lebt glücklich im Flow und wird zeitlebens besser.

Was man von Rockmusikern so alles lernen kann …

– Dr. Stefan Frädrich (Motivationsexperte, Trainer, Redner und Coach)

🔅 Mach etwas, was du noch nie zuvor getan hast.

GRÜNE GUERILLA

Unser Stadtviertel ist wunderschön. Überall fahren Leute mit bunten Fahrrädern durch die Gegend, kleine Balkone sind liebevoll mit Fähnchen und Blumenkästen geschmückt, die Kneipen und Cafés laden in die versteckten Hinterhöfe ein und man findet viele kleine Läden, welche die unterschiedlichsten Dinge verkaufen. Im Sommer schallen Geschichten durch die Straßen und die Bäume wehen im Wind. Mehrere Kirchen läuten im Takt und Kinder machen Hand in Hand einen Kindergartenausflug.

An einigen Straßenecken sind kleine Grünflächen angelegt. Es stehen zumindest Bäume dort und wilde Pflanzen haben sich den Weg gebahnt, um der Stadt ein grüneres Gesicht zu geben.

An meiner Ecke hat es eine wunderschöne lila blühende Pflanze geschafft, zu einer stattlichen Größe heranzuwachsen. Gut einen Meter rankt sie in die Höhe und steht in voller Blütenpracht. Jedes Mal, wenn ich aus dem Haus gehe, halte ich kurz inne und atme ein. Es riecht nach Sommer. Bis zu jenem Tag. Sie entsprach wohl nicht ganz der Norm und wurde – als unbrauchbares Unkraut abgestempelt – dem Erdboden gleichgemacht. Im wahrsten Sinne des Wortes, denn nun ist dort nichts mehr außer trockener Erde. Ich bin wirklich traurig, als ich das nächste Mal zum Supermarkt laufe und mich diese Tristesse begrüßt. Das Ergebnis der überdeutschen Ordnungsliebe. Umso mehr muss ich schmunzeln, als ich nach Hause gehe und ein selbstgebasteltes Schild an dieser Stelle lese: »Geht eine Blume über die Wiese und reißt dem Menschen den Kopf ab.«

Ich mache auf dem Absatz kehrt, gehe in den nächsten Blumenladen und bewaffne mich mit den am schönsten blühenden Pflanzen. Diese pflanze ich umgehend an dieser Stelle ein. Und als ich dann das nächste Mal daran vorbeigehe, sind es sogar noch mehr Blumen geworden.

Seitdem blüht diese Ecke schöner als je zuvor und macht vielen Menschen eine kleine Freude.

✿ Pflanze eine Blume in deiner Umgebung.

TODAY IS GONNA BE THE DAY

Die Stimmung ist auf dem Höhepunkt und die vielen vor Freude strahlenden Gesichter versammeln sich mitten in der Nacht um das lodernde Feuer. Die Funken blitzen mit den Sternen am Himmel um die Wette. Flaschen klirren, Bratäpfel brutzeln und die Wangen kitzeln von der Hitze der Flammen.

Wenn man Unbekümmertheit und Lebensfreude symbolisieren wollte, dann wäre es mit Sicherheit ein Lagerfeuer mit Freunden. Die einen sitzen in eine Decke eingekuschelt da und genießen vertraute Gespräche. Andere drehen die Marshmallows auf ihren Stöckchen und starren mit verträumten Blicken in die Glut. Witze werden gerissen, alte Geschichten ausgepackt, Geheimnisse geteilt und Pläne für wilde Abenteuer geschmiedet. Schallendes Gelächter durchdringt die Nacht, begleitet vom Knistern und Knacken des Feuers.

Die Gitarre ist mit dabei und als die ersten Akkorde von »Wonderwall« ertönen, wird es plötzlich ganz still. Auch wenn dies kaum möglich ist, scheinen alle noch ein Stück näher zusammenzurücken.

»Today is gonna be the day …« Nach und nach fallen alle mit ein, bis die ganze Meute lauthals singt.

Der Kloß im Hals wird immer größer, ich trete ein paar Schritte zurück, bis ich die ganze Szene im Blickfeld habe. Die Tränen laufen mir vor lauter Rührung und ich mache in meinem Kopf ein Bild davon, damit es für immer bleibt.

🐚 Mach ein Lagerfeuer mit Freunden.

BAUCH GEGEN KOPF

Ich sitze da. Er neben mir. Es ist irgendwann, es ist Nacht, als wir gemeinsam an einer verlassenen Straßenbahnhaltestelle nach ein paar

 Gläsern Wein auf die letzte Bahn warten, die mich nach Hause bringen soll. Ich schaue nervös auf den Fahrplan, dann auf die Uhr. Wieder auf den Fahrplan. Er schaut mich an. Wieso kommt sie denn nicht? Ich werde ungeduldig. Mein Kopf will nach Hause, mein Bauch nicht. »Es ist besser so«, sage ich leise. Ich schaue wieder auf die Uhr, die Bahn ist überfällig. Wir schauen uns an. Wir warten. Sie kommt nicht mehr und wir gehen wieder zurück.

Nur noch ein Gläschen Wein. Mein Herz grinst.

🐚 Hör auf dein Herz und entscheide spontan.

SCHWEBEND

Ich war gerade 18 geworden und ein paar Monate zuvor hatten wir erfahren, dass mein Vater schwer an Krebs erkrankt war.

Wir wussten auch, dass mein Vater diese Krankheit wahrscheinlich nicht überleben würde. Die Stimmung in der Familie war daher selbstverständlich oft sehr angespannt, wir waren alle sehr traurig und hatten große Angst. Die Krankheit bestimmte den Alltag und war allgegenwärtig.

Eines Mittags, an einem ganz normalen Tag, war ich gerade zu Hause beim Lernen, als ich aus der Küche laute Musik hörte.

Ich trampelte raus und wollte gerade losschimpfen, weil ich mich wegen der Musik nicht konzentrieren konnte, als ich meine Eltern eng tanzend durch die Küche schweben sah.

Sie schauten sich tief in die Augen und sahen so verliebt aus wie ein junges Paar kurz vor dem ersten Kuss.

Dieser Moment in dieser schweren Zeit war für mich der Inbegriff von Glück. Ein Lichtblick, ein kurzes Aufatmen, ein Innehalten und echte Freude!

– Kira Ruhs

🐾 Tanze, als ob dir niemand zusieht.

PERSPEKTIVENWECHSEL

Schon lange fehlt es mir, mich mal wieder in ein weiches Hundefell zu kuscheln oder ein Pfötchen auf den Schoß gelegt zu bekommen. Ich vermisse das Leben mit einem Hund sehr.

Eines Morgens liege ich im Bett und meine Gedanken kreisen mal wieder darum, wie schön es wäre, nun von einer kühlen Hundenase sanft angestupst zu werden. Ich bin allerdings eine Meisterin darin, mir Gründe auszudenken, warum das Leben mit einem Hund für mich nicht klappen kann. So geht das nun schon Ewigkeiten und ich merke es noch nicht einmal. An diesem Morgen ist es aber anders. An die Decke starrend wird mir plötzlich klar: Ich muss meine Perspektive ändern. Wie wäre es, wenn ich diese Denkweise einfach mal umdrehe und anfinge, mir Gründe auszudenken, warum es denn tatsächlich klappen könnte? Schnell wächst die Liste und immer mehr Argumente fallen mir ein, warum es doch nicht so utopisch ist, wie ich die ganze Zeit dachte. Alles ist plötzlich so klar. Ich spüre Euphorie in mir und muss grinsen, als ich mich dabei ertappe, wie ich mich noch im Bett auf Webseiten von Tierheimen und Rettungsorganisationen informiere. Und plötzlich ist sie da und schaut so freundlich und zuversichtlich in die Kamera, die sie für die Seite »Hunde in Not« porträtierte: Gretel. Es ist sofort um mich geschehen. Jetzt ist sie da und es erscheint unmöglich, die

Seite einfach wieder zu schließen und so zu tun, als hätte ich diese kleine fluffige Hundedame nie entdeckt, die darauf wartet, aus einer rumänischen Tötungsstation gerettet zu werden. Die Entscheidung steht fest.

Wie ein kleiner Perspektivwechsel doch das ganze Leben verändern kann!

🕮 Erfinde Ausreden, warum etwas nicht klappen kann. Dann wende sie in ihr Gegenteil und du wirst staunen.

GEPÄCKTRÄGERFAHRT

Es sind die lauen Sommernächte, welche die Magie zu haben scheinen, die Zeit anhalten zu können. So richtig dunkel will es nicht werden, der Vollmond scheint und aus den weit aufgerissenen Fenstern wehen die Gardinen heraus.

Keine Bahn fährt mehr und um den Nachhauseweg in einem Taxi zu verbringen, ist diese warme Nacht viel zu schade. Also ab geht es auf das Rad. Gepäckträgerfahrten haben etwas Abenteuerliches an sich. Der leichte Schwips führt in Schlangenlinien intuitiv nach Hause. Das Ruckeln und Wackeln verführt erst recht dazu, sich festzuhalten und anzuschmiegen. Haut und Haare riechen nach Sommer. Die Stadt ist in ein weiches Licht getaucht und ab und zu nimmt man einen plärrenden Fernseher wahr, vor dem wahrscheinlich jemand eingeschlafen ist. Anderswo ist eine Hausparty am Ausklingen, hier und dort schnarcht es aus den Zimmern. Alles rauscht wie in einem Film an einem vorbei, als hätte man die Fast-Forward-Taste gedrückt.

Die Beine baumeln fröhlich umher, der Wind weht durch das Haar, man streckt dem Mond die Zunge raus und wünscht sich, dass dieser Heimweg nie endet.

🕮 Setz dich auf einen Gepäckträger und lass dich fahren.

SÜSSE LAUS

Es gibt diese unsäglichen Tage, an denen man machen kann, was man möchte, die schlechte Laune ist einfach nicht kleinzukriegen. Man meckert dann oft seine Lieblingsmenschen an, obwohl sie gar nichts gemacht haben. Und das Schlimme ist, meistens merkt man es ja im selben Moment, aber die Stimmung ist einfach zu schlecht, um die Situation konstruktiv zu handhaben. Mein Mann pflegt herrlich mit meinen Launen umzugehen. Oft finde ich dann kleine versteckte Zettelchen, auf denen selbstgezeichnete Comics zu sehen sind. Die Hauptfigur dieser Skizzen ist eine kleine griesgrämige Laus, die je nach Tag und Situation die unterschiedlichsten Dinge tut oder sagt, die mich aufheitern sollen. Dabei schaut sie so wunderbar mürrisch, zetert und meckert und sieht dabei so unfassbar süß aus, weil ich genau weiß, mit welcher Hingabe und Liebe sie gezeichnet wurde. Sofort ist meine schlechte Laune verflogen und ich muss selbst über die Laus lachen, die mir über die Leber gelaufen ist.

🐚 Hinterlasse liebe Nachrichten an andere.

UNTEN OHNE

Ich gehe gern zu Fuß. Genauer gesagt: zu Barfuß. Wenn meine Fußsohlen direkten Kontakt mit dem Boden haben, fühle ich mich geerdet und verbunden. Mit meinem Körper. Mit der Erde. Mit dem Leben. Immer wieder gerate ich ins Staunen, was meine Füße alles wahrnehmen können. Wie auch meine Hände ertasten sie unterschiedliche Oberflächen wie Sand, Gras oder Kopfsteinpflaster. Es ist toll, im Sommer über rundes, warmes Kopfsteinpflaster zu laufen. Kleine Kiesel pieksen, regen aber mindestens genauso an. Am schönsten ist es für mich im Wald, weil ich dann noch intensiver spüre, wie ich mit der Natur verbunden bin. Wenn gerade kein Wald in der Nähe ist, genieße ich es, in der Mittagspause barfuß durch den Park zu laufen. Dann erlebe ich pure Achtsamkeit, die mich nach Stunden am Schreibtisch unglaublich entspannt und ins fühlbare Leben zurückholt. Wenn ich barfuß gehe, habe ich eine andere Körperhaltung. Ich schreite förmlich. Würdevoll. Respektvoll. Mir selbst und dem Boden gegenüber, der mich trägt. Die Füße befreien und barfuß laufen ist pure Lebensfreude.

– Andrea Schugk

 Geh barfuß spazieren.

WOLKENWANDERUNG

Hans Guck-in-die-Luft wurde dafür bestraft, dass er ständig seine Nase Richtung Himmel streckte. Und seit der Smartphone-Manie schaut sowieso niemand mehr nach oben. Man muss ja schon Glück haben, einen Augenkontakt zu erhaschen.

Was ist also aus den Tagträumern, Himmelsbeobachtern und Wolkendeutern geworden? Es gibt doch nichts Schöneres, als sich in der Mittagspause auf eine Parkwiese zu legen, an einem Grashalm zu knabbern und die Gedanken im Takt der vorbeiziehenden Wolken schweifen zu lassen.

Oder man geht im Wald spazieren, legt ein Päuschen auf der weichen Lichtung ein und beobachtet den Himmel durch die schwingenden Baumwipfel hindurch. Eine Art Minimediation, reine Entspannung – und man kann sie immer und überall haben, wenn man sich die Zeit nimmt. Manchmal verliert man sich in den Wolkenströmen, dann beginnen die Ideen zu sprudeln, Formen entwickeln sich, die Interpretationen der verschiedenen Formationen beginnen und man fühlt sich wieder ganz als das Kind, das damals mit Freunden zusammen die skurrilsten und wildesten Wolkenmonster erfunden hat.

Wenn man ganz bei sich ist, fällt das Loslassen plötzlich gar nicht mehr schwer und die wandernden Wolken zeigen, wie leicht es ist.

🐚 Beobachte den Himmel und entdecke wilde Wolkenmonster.

SAUWETTER

Der Regen prasselt gegen die Fensterscheibe und ich höre den Wind draußen pfeifen. Es ist heute nicht einmal richtig hell geworden und ich habe mich zwischen Decken und Kissen auf dem Sofa vergraben. Es ist die reinste Qual, das weiche und warme Nest zu verlassen. Ich schleppe mich zur Wohnungstür, wo meine Gummistiefel schon warten und ich ziehe meine Wollmütze tief ins Gesicht. Mein Hund freut sich schon, dass es endlich losgeht und der langweilige Sonntag ein Ende hat. An der Haustür angekommen, peitscht uns der Regen um die Ohren und Gretel schaut mich plötzlich an, als hätte ich den Verstand verloren, bei diesem Wetter das Haus verlassen zu wollen. Ich aber höre meine Oma sagen: »Ginalein, es gibt kein schlechtes Wetter, es gibt nur schlechte Kleidung.« Ich zippe meine Jacke so weit es geht zu und los geht's!

Im Wald angekommen, hat sich die Wetterlage kein bisschen geändert, aber das ist uns nun auch egal. Der aufgeweichte Waldboden schmatzt bei jedem Schritt und dicke Regentropfen platschen von den Bäumen herab. Das leichte Prasseln auf dem Blätterdach begleitet uns beim Spaziergang durch den menschenleeren Wald und ich genieße es, wie der frische Regen in mein Gesicht geweht wird. Meine Wangen glühen und der Sauerstoff tut gut. Wieder zu Hause angekommen, sind wir beide völlig durchnässt, aber sehr glücklich – und auch ein bisschen stolz, bei diesem Wetter den inneren Schweinehund überwunden zu haben. Ich umarme Gretelchen und bin dankbar, dass sie mich jedes Mal wieder dazu bringt, auch bei dem schlimmsten Sauwetter nach draußen zu gehen und frische Luft zu schnappen.

🐚 Geh bei Wind und Wetter raus an die frische Luft.

FREIER FALL

Seit Jahren nimmt meine Höhenangst zu und beschäftigt mich jedes Mal, wenn ich auf Reisen gehe. Es kann doch nicht sein, dass ich grundlos eine solche Furcht in mir habe! Als kleines Kind war es immer ein Traum von mir gewesen, eines Tages Fallschirm zu springen. Jedes Mal, wenn ich Fallschirmspringer am Himmel sah, beobachtete ich sie fasziniert. Doch mit dieser Höhenangst wäre dieser Traum heutzutage unmöglich umzusetzen. Oder gerade erst recht? Ich entscheide mich für die brutale Schocktherapie und schenke mir selbst zum Geburtstag einen Sprung aus 4000 Metern Höhe. Es erscheint mir absurd, wie ich spontan das Ticket buche. Ich schaue mir irgendwie selbst dabei zu und muss den Kopf schütteln und gleichzeitig grinsen. Am nächsten Tag geht es frühmorgens los und ich weiß nicht so recht, ob der Schwindel vom Reinfeiern kommt oder ob ich einfach unfassbar aufgeregt bin. Mein Tandem-Lehrer hält mir eine Kamera ins Gesicht und fordert mich auf, meine »letzten Worte« zu sagen. Ich lächle verkrampft, stottere irgendwas und zupfe nervös an all den Gurten herum, die an mir hängen. Plötzlich sitze ich mit einer Gruppe anderer Tandem-Springer in dem winzigen Flugzeug und bekomme kaum mit, dass wir schon in der Luft sind. Das laute Propellergeräusch verschluckt zum Glück die schlechten Witze des Lehrers, ich sitze direkt an der Tür und sehe, wie die Bäume unter uns immer kleiner werden. Als das Licht plötzlich grün leuchtet, realisiere ich, was hier gerade passiert. Die Tür öffnet sich, meine Beine hängen in der Luft. Ich sehe den Boden nicht mehr und der unendliche Sog will mich fressen. Das Adrenalin lässt mich willenlos werden. Ich habe Todesangst, doch es gibt kein Zurück und das ist gut so. Die Zeit steht still. Der Sprung ins Ungewisse. Wir kippen in die Tiefe und ich begreife es unmittelbar: Ich lebe!

🌀 Wage einen Fallschirmsprung.

ALLES IST MÖGLICH

Wann hast du das letzte Mal etwas zum ersten Mal getan? Etwas, wovor du Angst hast und das Mut erfordert? Etwas, das du vielleicht seit einiger Zeit mit dir umherträgst und dich fragst, ob das alleinige Aussprechen schon alles verändern könnte. Noch bevor du überhaupt wagst, es zu tun. Es deswegen zurückhältst. Auf den richtigen Augenblick wartest. Nichts überstürzen möchtest.

Pro Tag schwirren uns durchschnittlich bis zu 6000 Gedanken durch den Kopf. Das ist jede Sekunde einer – die Zeit, in der wir schlafen, gar nicht mitgerechnet. Abwägen, nachdenken und grübeln, all das ist wichtig und schützt uns vor Gefahren. Doch – und das ist wissenschaftlich erwiesen – 92 Prozent unserer Sorgen und Ängste treten entweder niemals ein, gehören bereits der Vergangenheit an und sind damit nicht mehr zu ändern oder sie sind schlichtweg nebensächlich. Für die restlichen 8 Prozent (hauptsächlich aber wohl für die 92) reserviere ich jeden Tag 20 Minuten.

Ich schreibe sie auf, schaue sie mir noch einmal genau an und frage mich: »Wie wahrscheinlich ist ihr Eintreten?« Und: »Was kann schlimmstenfalls passieren, wenn ›es‹ passiert?«

Ich nehme meine Ängste wahr und ernst. Ich überprüfe sie, um dann oft festzustellen: So schlimm ist es gar nicht. Denn am Ende bereue ich nur die Chancen, die ich nicht wahrgenommen habe. Aus allen anderen lerne ich.

Es ist okay, nicht perfekt zu sein. Es ist okay, verletzlich zu sein. Es macht uns liebenswürdig. Es gibt vielleicht keine Garantie. Aber viele ungeahnte Möglichkeiten und Abenteuer, wenn du dich traust. Verpass sie nicht!

– Saskia Rudolph (Kultur- und Glückswissenschaftlerin)

Beobachte deine Gedanken und nimm sie bewusst wahr. Prüfe, welche wirklich wichtig sind.

TRAUMKONZERT

Barocke Deckengemälde, Dutzende goldene Kronleuchter und die mit Stuck verzierten Wände ziehen jeden Besucher in ihren Bann. Ehrfürchtig schreiten wir durch die große Flügeltür des Rittersaals im Mannheimer Schloss und sind plötzlich in einer anderen Welt. Vorne stehen die Instrumente erwartungsvoll bereit und ziehen neugierige Blicke auf sich.

Es ist interessant zu beobachten, wie die Besucher dieses Klassikkonzerts aus der Routine gerissen zu sein scheinen. Mit großen Augen, einigem Wispern und einem breiten Lächeln sucht sich jeder seinen Lieblingsplatz. Der ganze Parkettboden ist bedeckt mit Matratzen, die liebevoll dekoriert sind und die Leute warm empfangen. Es ist kein ganz normales Konzert, denn man darf es ganz gemütlich im Liegen genießen. Wegschlummern ausdrücklich erlaubt – so steht es auf der Einladung und ich muss schmunzeln, als ich mir meinen Platz ausgesucht, die Schuhe ausgezogen und es mir bequem gemacht habe. Neben mir begrüßt mich ein älterer Herr, der sich gerade seines Jacketts entledigt, vor mir liegt eine junge Dame mit einem wunderbaren Lockenkopf. Das Orchester betritt leise den Saal, wie durch Zauberhand findet jeder seinen Platz. Der Dirigent macht sich bereit und als die ersten Takte erklingen, sitzen manche Besucher noch auf ihren Matratzen, da es ungewohnt scheint, sich fallen zu lassen. Die Violinen schwingen friedvoll und bringen jeden dazu, sich entspannt zurückzulehnen. Die Dramaturgie der Musik ist bewegend und beruhigend zugleich. Während ich die Deckengemälde betrachte, die ich noch nie so bewusst wahrgenommen hatte, träume ich mich weg und wache nur wenige Minuten später durch ein leises Schnarchen neben mir auf. Anderswo kullern leise Tränen, berührt von den Klängen und den damit verbundenen Gefühlen und Gedanken. Ich schließe die Augen und bin fasziniert, wie viel Musik bewegen kann.

🪶 Lausche ruhiger Musik und lass dich fallen.

WILLKOMMEN IM LEBEN

Freundschaften zu pflegen ist wunderbar und essenziell für jedes Glücksempfinden. Gemeinsam in alten Erinnerungen wühlen, Geschichten erzählen, sich jeden Kummer von der Seele reden, füreinander da sein – bedingungslos, wertfrei und liebevoll. Sich gegenseitig in allen Lebenslagen in- und auswendig kennen, dem anderen offen die Meinung sagen zu dürfen, ehrliches Feedback zu erhalten und auch gemeinsam schweigen zu können, ist unbezahlbar.

Manche Freunde verschwinden im Laufe der Jahre. Manchmal tauchen sie wieder auf, manchmal sind sie einfach nur Weggefährten in einer bestimmten Lebenslage. Sie kommen, geben uns in irgendeiner Weise etwas mit auf den Weg und gehen wieder. Andere bleiben für immer und noch viel länger. Als Kind hat man schnell Freunde gewonnen und hatte einen Haufen davon. Im Laufe der Zeit kristallisieren sich die wahren Freunde heraus. Wer bleibt bei Schulwechsel, Umzug und Familiengründung? Wer steht zu mir trotz Niederlage, Jobverlust oder Trennung? Immer mal wieder sollten wir uns bewusst vor Augen führen, wie wertvoll diese Menschen sind, die uns seit Jahren treu begleiten – und es ihnen auch mal wieder sagen.

Je älter man wird, desto wertvoller werden die bestehenden Freundschaften, weil man merkt, welch seltenes Gut sie sind. Umso dankbarer ist man, wenn man neue Menschen unverhofft kennenlernt, die absolutes Freundschaftspotenzial haben. Manchmal trifft man jemanden und es ist so etwas wie Liebe auf den ersten Blick. Man weiß einfach, dass es passt. Und dann darf man auch ein bisschen mutig und verrückt sein. Sich in das Leben des anderen hineintrauen und ihn auch in die eigenen Gewohnheiten lassen.

Da kann es schon mal passieren, dass man spontan durch halb Europa fährt, sich zum Trösten mitten in der Nacht auf den Weg macht oder Freudentränen teilt. Herzlich willkommen in meinem Leben! Schön, dass es dich gibt.

🐚 Lerne neue Leute kennen und verabrede dich mit ihnen.

FAMILIENBANDE

Die Bahn wird immer langsamer und hält schließlich an. Alle stehen auf, um ihren Koffer zu holen. Wir nähern uns immer mehr dem Bahnhof. Langsam fühle ich ein leichtes Kribbeln im Bauch.

Nach einer Woche Schüleraustausch mit allen 8. Klassen in Frankreich ohne meine Eltern werde ich sie endlich wiedersehen.

Ich nähere mich dem Ausgang des Bahnhofs. Und als ich endlich meinen Vater sehe, renne ich zu ihm und umarme ihn so fest ich kann.

Als wir zu Hause ankommen und meine Mutter die Tür aufmacht, umarme ich auch sie und freue mich, wieder bei meiner Familie zu sein.

Viele unterschätzen die Familie. Man weiß nie, was passieren könnte, weswegen man jeden einzelnen Moment mit der Familie genießen sollte.

– Melisa Sire

🌸 Genieße jeden Moment mit deiner Familie. Zeig ihr mal wieder, wie wichtig sie dir ist.

DER LETZTE TAG

Wir wussten alle, dass es bald so weit sein würde. Niemand wollte es aussprechen. Wie will man für ein geliebtes Lebewesen einen Tag zum Sterben festlegen?

Eines Morgens entscheiden wir uns völlig spontan, dass es so für unseren Hund nicht mehr weitergehen kann. Der Tumor wächst schneller als gedacht. Zitternde Beine, verkrampftes Hinlegen, leere Blicke. Sein Herz ist zu stark, um einfach aufzuhören. Die Stunden bis zum Termin ziehen sich ewig. Wir versuchen uns abzulenken, aber jede Sekunde, die man nicht mit dem Hund verbringt, scheint sinnlos. Der Kopf pocht, ich vergesse zu atmen, das Herz verkrampft sich und man drückt sich in sein Fell. Der Versuch, jeden Moment zu verinnerlichen. Die Gedanken sind ein Karussell. Aber eines ist ganz besonders: Wir sind alle beisammen. Die letzten Stunden erleben wir als Familie und ganz bewusst. Das letzte Mal rausgehen, das letzte Mal füttern, das letzte Mal bürsten. Der letzte Tag.

Die Sonne scheint, als wolle sie uns sagen, dass alles halb so schlimm ist.

Der Waldgeruch weckt Erinnerungen an fröhliche Abenteuer aus Kindheitstagen, der Hund ist immer mit dabei. Das war einmal. Sein Fell scheint im Sonnenschein golden wie eh und je. Jeder hat seinen eigenen Moment mit ihm an diesem Tag, jeder flüstert etwas in sein Ohr. Tränen kullern in sein Fell. Die Ruhe, die er ausstrahlt, tut uns gut. Der Himmel zieht sich zu und ein kühler Wind streift seinen weichen Flaum. Wir liegen im Garten. Er dreht sich zu mir, legt seinen Kopf auf meine Knie, ich halte ihn fest. Ich weiß genau, wenn ich nun aufstehe, dann ist meine Zeit mit ihm vorbei. Die Sekunden gleiten uns davon. Die Ärztin ist nun da und er ist bereit zu gehen. Keiner scheint mehr warten zu wollen. Es geht so schnell. Er legt sein Köpfchen müde nieder, atmet immer ruhiger und innerhalb von wenigen Sekunden ist er eingeschlafen. Alle seine Lieben sind bei ihm. Man fühlt sich schwer und leicht zugleich. Ein wunderbarer Tag voller Fürsorge, Geborgenheit und Liebe. Als wir nach draußen gehen, um Luft zu holen, beginnt es zu regnen.

🐚 Lerne loszulassen.

GUMMIBÄRCHENWÜNSCHE

Der Laden ist rappelvoll, die Leute stehen sogar schon auf der Treppe raus zur Straße und die Luft ist dick und stickig. Der kleine Kiosk um die Ecke ist der Dreh- und Angelpunkt in diesem Stadtviertel. Pakete werden abgegeben, Schulsachen gekauft oder die neueste Zeitung wird abgeholt. Es ist kurz vor Feierabend und der Stress steht den Menschen ins Gesicht geschrieben. Ungeduldig schauen sie auf die Uhr, trippeln nervös hin und her. Ich bin vollbepackt mit ministerialer Post, Dutzende Briefe gefüllt mit kleinen Glücksspielkärtchen finden ihren Weg zu den erwartungsvollen Empfängern in allen Ecken Deutschlands. Noch zwei Kunden sind vor mir dran: zwei junge Damen im zarten

Alter von sechs Jahren. Voller Stolz ziehen sie sich an der Theke hoch, um vor der Kassiererin ihr Kleingeld aus den Jackentaschen auszubreiten. Mit einem breiten Grinsen erklären sie ihr, was sie damit nun alles erwerben möchten und ihr Blick schweift über die bunten Schublädchen hinter der Kassiererin, die gefüllt sind mit süßen Leckereien. Hinter mir höre ich schon ein genervtes Stöhnen. Ich allerdings finde diese Situation herzerwärmend und ich bin entzückt – natürlich von den beiden Kindern, aber auch von der Reaktion der  Dame hinter der Theke. Mit großer Ruhe und Gelassenheit erfüllt sie jeden einzelnen Gummibärchenwunsch der beiden Mädchen und lässt sich von der Menschenmasse, die eng gedrängt darauf wartet, endlich dranzukommen, kein bisschen stressen. Es geht erst weiter, als sich die beiden Kinder mit zwei prall gefüllten Papiertüten durch die wartenden Leute nach draußen schlängeln und sich gegenseitig dabei anstrahlen. Als ich nun an der Reihe bin, lasse ich es mir nicht nehmen, auch eine Gummibärchentüte mitzunehmen, um mit mindestens einem genauso großen Grinsen den Wartenden im Rausgehen welche anzubieten. Zögernd wandert eins nach dem anderen in die Münder und zaubert den Ungeduldigen sogar ein Lächeln ins Gesicht.

🐚 Muntere gestresste oder genervte Leute auf.

VERGESSENE MOMENTE

Manchmal lauert das Glück an Ecken, an denen man es gar nicht erwartet hätte. Ich bin mitten am Ausmisten und durchwühle alte Kisten und Schubladen. Plötzlich fällt mir eine Kamera entgegen, die mir irgendwie bekannt vorkommt. Es ist meine allererste Einwegkamera, die ich vor Ewigkeiten von meiner Oma geschenkt bekam. Ich erinnere mich genau, wie fasziniert ich von diesem Ding war. Sie wurde nie entwickelt. Was darauf zu finden ist, spiegelt meine Kindheit wider. Es fühlt sich seltsam an, sie abzugeben, irgendwie habe ich Respekt davor, mir die Bilder anzusehen, die jahrelang in

Vergessenheit geraten sind. Werde ich es nun als Erwachsene noch verstehen, was ich als Kind mit den Fotos festhalten wollte? Was war mir damals wichtig und einmalig genug, um für immer dokumentiert zu werden? Mein Herz klopft mir bis zum Hals, als ich zum Drogeriemarkt gehe und meinen Umschlag entdecke. Natürlich habe ich Bilder meiner Kindertage im Kopf und in vielen Alben, doch selbst festgehaltene Momente so spontan und wahrhaftig vor Augen geführt zu bekommen, ist etwas anderes. Etwas, das mich aufgeregt nach Hause laufen lässt. Das Päckchen halte ich wie einen Schatz in meinen Händen. Es ist voller Erlebnisse, Entdeckungen und Emotionen, gesehen durch meine Kinderaugen. Zu Hause sitze ich am Küchentisch und muss zweimal schlucken, bis ich die Lasche aufziehe. Was ich nun sehe, treibt mir die Tränen in die Augen. Ich sehe meine Meerschweinchen im Garten, meinen kleinen Bruder in einem Karton, eine Szene aus dem Tierheim vom Gassi gehen, meine gezüchtete Kresse. Auch einen gewebten kleinen Teppich habe ich sorgfältig dokumentiert. Dinge, die mir am Herzen lagen und mich in meinem Alltag begleiteten, berührten und bewegten. Beim nächsten Einkauf hole ich mir Kressesamen und sähe sie mit viel Liebe auf einem kleinen Wattebett aus. Ich habe viel Spaß daran, sie beim Wachsen zu beobachten und weiß, der kleinen Gina hätte es auch gefallen.

🐚 Halte mit einer Einwegkamera deine Glücksmomente fest und verstecke sie so, dass du sie Jahre später wiederfindest.

HOMMAGE AN DAS LEBEN

Dieser wunderbare Moment ergab sich auf einem meiner ersten Abendkurse in Positiver Psychologie zum Thema »Aufblühen statt ausbrennen!«.

Meine Frau nahm an diesem Kurs ebenfalls teil, so wie sie es oft bei neuen Angeboten von mir macht, um sich einen ersten Eindruck zu verschaffen.

Wie der Zufall es wollte, fehlte bei einer Zweierübung ein Teilnehmer. Also sprang ich ein und machte diese wundervolle Übung mit meiner Frau zusammen. Die Aufgabe: Jeder erzählt der anderen Person zehn Minuten, wofür er im Leben dankbar ist. Erst dachten wir, dass wir die zehn Minuten sicher nicht ausschöpfen. Doch wir haben uns darauf eingelassen und waren erstaunt, wie viel dabei zusammenkam und welch intensives Gefühl der Dankbarkeit dabei entstand. Besonders schön war es, dass unser eigenes Dankbarkeitsgefühl noch verstärkt wurde, während der andere erzählte.

Werte, Erlebnisse oder Stärken, an die meine Frau gedacht hatte, haben auch dazu beigetragen, mich noch dankbarer zu fühlen.

Es war wie eine Hommage an das Leben im Allgemeinen und natürlich auch an unser gemeinsames Leben als Paar und als Familie mit unseren Kindern. Zwanzig Minuten Lebensglück teilen und intensive Verbundenheit genießen, garantiert mit positiven Nachwirkungen. Eine Übung, die ich jedem ans Herz lege.

– Jörg Feuerborn (Coach für Positive Psychologie)

Erzähle vertrauten Menschen, wofür du ihnen dankbar bist.

GRÜNE AUSSICHT

Früher scheinen wir das alle sehr gerne gemacht zu haben und überall, wo sich die Gelegenheit ergab, haben wir sie beim Schopf gepackt: Wir sind auf Bäume geklettert. Egal wie groß und unbezwingbar sie schienen, irgendwie haben wir es geschafft. Wie kleine Äffchen haben wir sie erklommen und auch wenn manchmal eine helfende Räuberleiter vonnöten war, waren wir stolz wie Oskar, als wir den ersten stabilen Ast erreichten, der uns tragen konnte. Mal musste man spontan fliehen, weil man dem Nachbarn einen Streich gespielt hat, oder man wollte den Nachmittag noch nicht frühzeitig beenden, nur weil man zum Essen gerufen wurde.

Genau das probiere ich mal wieder aus: Ich klettere auf einen Baum. Ich muss zugeben, es ist ein Exemplar, das es einem sehr leicht macht und ich komme mir bei den ersten Verrenkungen nur so mittel komisch vor. Einladend streckt er mir einen großen Ast entgegen, auf dem ich es mir schnell gemütlich machen kann. Da sitze ich nun. Fernab von allem und jedem. Ich betrachte alles wortwörtlich aus der Vogelperspektive und es erscheint mir das Normalste der Welt zu sein, nun hier zu sitzen. Der leichte Schwindel der Höhenangst verfliegt schnell und ich sitze mit baumelnden Beinen locker an den Stamm gelehnt im kühlen Grün.

Die kleinen Blätter kitzeln im Nacken, die Bienen sind direkt auf Augenhöhe fleißig beim Arbeiten und eine Ameisenstraße wechselt ihre Route, als sie bemerkt, dass ich zu Besuch bin.

Wie wunderbar es sich anfühlt, hier oben die Zeit vorbeifliegen zu sehen.

Als ich mich an die altbekannte Baumkletterregel erinnere, die besagt, dass der Weg nach oben immer leichter ist als der nach unten, beschließe ich, meinen Aufenthalt noch etwas zu verlängern.

🐚 Klettere auf einen Baum und genieß die Aussicht.

SCHÖNES RAD

Ich bin viel zu spät dran, meine Mittagessensverabredung wartet sowieso schon auf mich und außerdem beginnt es auch gerade noch zu regnen. Also sattele ich mein grasgrünes Fahrrad, an dem vorne am Lenker eine grellbunte Klingel und zwei Blümchen befestigt sind. Das Rad macht mir immer wieder große Freude, jedes Mal, wenn ich mich auf den alten Sattel setze und in die quietschenden Pedale trete – und da ist es auch egal, wenn es regnet. Es ist ein Erbstück von meiner Oma, das ich mit Liebe aufgepeppt habe. So erlebt es nun schon seit meiner Jugend seinen zweiten Frühling und düst stolz durch Mannheims Straßen. Jedenfalls muss ich mich nun aber echt beeilen. Ich schmeiße meine Tasche in den Korb und trete drauflos. Wenn ich die Abkürzung nehme, bin ich vielleicht ein bisschen eher in meinem Lieblingscafé, in dem ich schon längst sein sollte.

Donnernd düse ich über die Bordsteinkanten, die Pfützen spritzen an meinen Beinen hoch. Gerade als ich um eine Kurve flitze, schneide ich zwei Frauen gefährlich den Weg ab. Ich lege eine Vollbremsung ein und komme wenige Zentimeter vor ihnen zum Stehen.

Es ist mir etwas peinlich, da es mich selbst oft nervt, wenn Radfahrer so rücksichtslos und dann auch noch auf dem Gehweg fahren …

Aber statt einer typischen »Monnemer« Schnauze und wüsten Beschimpfungen, auf die ich mich innerlich schon gefasst mache und die Augen zusammenkneife, kommt ein entzücktes »Du hast aber ein schönes Rad!« von einer der beiden Frauen. Ich traue meinen Ohren nicht und muss unmittelbar breit grinsen. Ich stammle etwas von Entschuldigung oder Danke und radele davon.

Obwohl ich nassgeregnet und viel zu spät dran bin, komme ich mit einer unfassbar guten Laune im Café an und erzähle meiner Bekannten sogleich von dieser freundlichen Begegnung, die so unverhofft, aber dafür umso erfreulicher meinen Tag versüßt.

🪶 Mach einem fremden Menschen ein Kompliment.

DAS HIMBEERBONBON

Die Sommerkirmes in meinem Dorf war ein Highlight, auf das sich die ganze Familie freute. Dieses Fest bedeutete für mich als Kind ein neues Kleidchen mit weißen Kniestrümpfen und schicken Lackschuhen. Für die Erwachsenen gab es ein Glas Sekt und für uns Kinder Limonade, welche es auch nur zu besonderen Anlässen gab. Dann schauten wir den Festzug an, das ganze Dorf war auf den Beinen. Im Anschluss gab es Kaffee und Kuchen bis zum Platzen. Die Vorfreude erreichte ihren Höhepunkt, als wir danach endlich gemeinsam zum Kirmesplatz gingen. Ich war fünf Jahre alt und bekam mein erstes Kirmesgeld, welches ich in einem kleinen, roten, herzförmigen Portemonnaie verstaute. Endlich gingen wir los und als wir am Kirmesplatz ankamen, ließ meine Mutter meine Hand los und sagte: »Nun mein Mäuschen, schau dich um und entscheide dich gut, wofür du dein Kirmesgeld ausgeben möchtest.« Ich schaute mich um. Es gab ein Karussell, eine Schiffschaukel, eine Losbude und einen Süßigkeitenstand mit allem, was Kinder gerne naschen. Ich entschied mich für die kleinen Himbeerbonbons, verpackt in einer spitzen Tüte. Ich wählte die größte, weil ich dachte, wenn ich es schaffen würde, jeden Tag nur eines zu essen, würden sie bis zur nächsten Kirmes reichen. Das erste naschte ich natürlich sofort. Dieser fruchtig-süße Geschmack vereint bis heute all diese Bilder, Emotionen und Gerüche, die für mich eine unwiderrufliche glückliche Zeit widerspiegeln. Diese Bonbons schmecken nach purem Glück, verbunden mit dem himmlischen Gefühl von Geborgenheit und Wertschätzung. Bis heute.

– Helga Schauff

🌸 Teile kleine Leckereien mit anderen und bereite ihnen damit eine Freude.

DREI DINGE

Mein Mann und ich sind je nach laufendem Projekt in unseren Jobs unter der Woche öfter unterwegs. Manchmal trennen uns mehrere Hundert Kilometer und wir haben über einen gewissen Zeitraum nicht die Möglichkeit, den Alltag gemeinsam zu erleben. So gerne möchte man doch aber hautnah mitbekommen, was der andere macht, was ihn bewegt und was er denkt. Und genau dafür haben wir einen tollen Kompromiss gefunden und ein wunderschönes Ritual eingeführt: Die drei Dinge.

Über den Tag verteilt lässt man den anderen mit einer Kurznachricht an den drei Dingen teilhaben, die einen gestört, genervt oder gar traurig gemacht haben. Aber natürlich teilt man ebenso drei Dinge mit, die einen erfreut, berührt und glücklich gemacht haben.

+ Ich habe ein Eichhörnchen beobachtet, wie es eine Nuss verbuddelt.
− Deine Lieblingstasse ist mir eben runtergefallen …
+ Neuen Lieblingssong entdeckt
− Meine Idee ist im Meeting abgelehnt worden.
+ Das Nachbarskind hat mich geknutscht.
− Regenschirm vergessen.

Oft sind es kleine Dinge, die im zusammenfassenden Gespräch am Abend untergehen, oder die man vielleicht auch gar nicht mehr im Kopf hat.

Jedes Mal, wenn solch eine Mininachricht ankommt, freut man sich ungemein, denn man kann in Echtzeit die Gefühle des anderen teilen.

🐚 Schick jemandem eine liebe Nachricht und berichte von einem schönen Augenblick.

SELBSTERFÜLLENDE PROPHEZEIUNG

Mensa der Freien Universität Berlin. Gemeinsam mit einer Kollegin schlendere ich zum Mittagessen. Bereits von weitem schallt uns das laute Treiben der Studierenden entgegen. Wir lassen uns etwas zurückfallen und ich flüstere ihr zu: »Du, ich bin schwanger.« Ihre Antwort kommt prompt: »Ich auch.«

Mitten in diesem geschäftigen Trubel fallen wir uns in die Arme, weil etwas Einzigartiges passiert ist, das niemand für möglich erachtet hätte. Als Jugendliche erkrankte sie an Leukämie. Für viele Menschen ein Todesurteil. Sie kämpfte mit allen Mitteln der modernen Medizin um ihr Leben und sie gewann. Doch der Preis, den sie zahlte, war hoch. Als sie ihre Krankheit bewältigt hatte, erklärten ihr die Ärzte, dass sie niemals Kinder bekommen würde. Trotzdem hielt sie an ihrem Traum fest. In jahrelanger Kinderwunschbehandlung gelang es den Ärzten, nur eine einzige befruchtete Eizelle zu erzeugen. Doch weil ihr Arzt die Hoffnung gegen alle Wahrscheinlichkeit nicht aufgab, setzte er diese eine Eizelle ein. Sie fruchtete. Was nun einzigartig war an diesem Moment in der Mensa, war nicht, dass ihre Hoffnung und das Durchhaltevermögen das Unmögliche möglich gemacht hatten, sondern dass sie gerade sogar zum zweiten Mal schwanger geworden war. Einfach so.

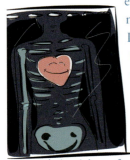

Die Positive Psychologie hat das Wissen, dass Denken Realitäten erzeugt, nutzbar gemacht, indem sie die lebensverändernde Wirkung optimistischen Denkens erforscht hat. Das Beispiel von meiner Kollegin und ihren Kindern zeigt, dass optimistisches Denken nicht nur unser Handeln und das unserer Umwelt verändert, sodass die Wahrscheinlichkeit steigt, dass wir unsere Ziele erreichen. Es zeigt auch, dass Optimismus sogar unseren Körper beeinflussen kann.

– Judith Mangelsdorf (Institutsleitung PPC-Berlin Lehr- und Forschungszentrum für Positive Psychologie)

🐚 Erzähle jemandem von einer guten Nachricht.

EIN TAG IN ROM

Die alte Stadt empfängt mich großmütterlich mit einer Umarmung aus frischem Sonnenschein und lauwarmem Wind. Die alten Häuser ziehen an mir vorbei. Ich schlendere, die Entschleunigung genießend, durch die lichtdurchfluteten Gassen und lasse den Abend in einem kleinen Restaurant an der Piazza ausklingen. Neben mir ein älterer Herr, der ganz alleine dasitzt. Wir kommen schnell ins Gespräch. Er spricht kein Englisch. Ich kein Italienisch. Wir einigen uns auf Spanisch. Die Tische werden zusammengeschoben, mit dem Kellner gescherzt, verwunderte Blicke von nebenan mit einem freundlichen Augenzwinkern erwidert. Den restlichen Abend verbringen wir damit, uns sehr angeregt zu unterhalten und viel zu lachen.

Die Margherita ist der Hit. Der Wein auch. Und mit älteren Leuten plaudern sowieso.

Beginne mit einem fremden Menschen ein positives Gespräch.

NIKOLAUSTAG

Großes Glück schimmert für mich durch, wenn ich die Großherzigkeit meiner Kinder sehe: So geschehen zum Beispiel am Nikolaustag.

Wir sind zu Besuch bei den Großeltern. Morgens finden beide Kinder freudestrahlend ihre selbstgeputzten Schuhe voller kleiner Geschenke und Süßigkeiten vor. Und auch Mama und Opa freuen sich über einen kleinen Schokonikolaus auf ihren Frühstückstellern. Mein »Großer« schaut sich den Frühstückstisch nachdenklich an und verschwindet mit den Worten im Windfang: »Ich schau mal, ob der Nikolaus noch was in den anderen Schuhen gelassen hat.«

Kurz darauf kehrt er schweigend zurück und versucht, einen seiner Schokoniköläuse so unbemerkt wie möglich im Ärmel verschwinden zu lassen und mitzunehmen. Dann ist er auch schon wieder im Flur verschwunden.

Nach einer halben Minute kommt er freudestrahlend mit seinem Nikolaus in der Hand zurück und sagt: »Guck mal, Oma. Der Nikolaus hat auch ein Geschenk für dich in deinem Schuh gelassen.«

Später flüstert er mir ins Ohr: »Weißt du was, Mama? Der Nikolaus war in Wirklichkeit von mir, aber ich wollte nicht, dass die Oma traurig ist, weil der Nikolaus ihr nichts gebracht hat. Aber das darfst du ihr nicht verraten!«

Seine Welt ist mit einer kleinen Hilfe seinerseits wieder in Ordnung und wir Erwachsenen müssen erst ein paar Mal zwinkern, um nicht vor lauter Rührung am Frühstückstisch Glückstränen zu vergießen.

– Heike Ramm

🪶 Verstecke eine Kleinigkeit so, dass sie jemand findet und sich darüber freut.

ÜBER DEN WOLKEN

Die Stimmung ist angespannt, die Menschen sind ruhig und hektisch zugleich. Blicke wandern schnell hin und her, jeder sucht seinen Platz im kleinen Flugzeug, in dem er sich vermeintlich sicher fühlt. Die Stewardessen versprühen eine künstliche gute Laune, die einen nur noch skeptischer werden lässt. Gedankenverloren schaue ich aus dem winzigen Fenster über meinen Nachbarn hinweg hinaus in das triste Grau. Die Motoren heulen auf, mein Herzschlag überholt die Turbinen. Anschnallen, festhalten, abheben. Plötzlich geht es so schnell los, dass mir nun nichts weiter übrig bleibt, als sitzen zu bleiben und mich mit meinem Schicksal abzufinden. Bei der immer schneller werdenden Anfahrt auf der Startbahn schauen sich dann doch einige Passagiere fragend, betend, liebend an und hoffen auf ein Wiedersehen über den Wolken. Wir heben ab, ich werde in den Sitz gedrückt und fühle mich wie in einem schnellen Fahrstuhl. Irgendwie ist es beängstigend und faszinierend zugleich. Erst Sekunden später merke ich, wie ich die Hand meines Nachbarn umklammere, wir lachen etwas verkrampft. Ihm  geht es wohl wie mir, das beruhigt mich. Wir muntern uns gegenseitig mit ein paar Witzchen auf und bald wuseln die Stewardessen schon wieder fröhlich durch die Gänge und schieben sich mit den überfüllten Wägen durch die ungeduldige Passagiermasse. Ich kriege nichts runter und wenn ich nur an Tomatensaft denke, wird mir übel. Ich erwische mich selbst dabei, wie ich mein Leben Revue passieren lasse und mir denke, wie schön doch alles ist und wie viel ich noch vorhabe, wem ich noch so gerne sagen würde, wie sehr ich ihn liebe …

In diesem Moment durchbrechen wir die Wolkendecke, die Sonne begrüßt uns in einer anderen Welt. Ein weicher Watteteppich liegt unter uns, der zu garantieren scheint, dass nichts passieren kann. Ich habe doch wirklich für einen winzigen Augenblick die echte Hoffnung, dass ich das überleben könnte, und muss über mich selbst schmunzeln.

🐚 Mach Quatsch und bring andere zum Lachen.

VERSCHWOMMEN

Der Vater einer meiner besten Freundinnen ist schon lange schwer krank. Es ist eine Frage der Zeit und die Ungewissheit begleitet uns Tag für Tag. Ich helfe ihr dabei, sich abzulenken. So ist es ihr

Wunsch. Also begleite ich sie in ihrem Alltag und genieße mit ihr die kleinen, normalen Momente, die zurzeit so selten zu sein scheinen. Gerade haben wir mit unserer kleinen eingeschworenen Truppe einen ausgelassenen Mädelsabend. So gut es geht, genießen wir die ungezwungene Gelassenheit. Plötzlich überfällt uns die Nachricht. Zermürbende Sprachlosigkeit macht sich breit. Wir sind alle hilflos und gelähmt. Aber zusammen.

Ich streiche ihr durch die Haare, schaue ihr in die Augen. Meine Umarmung reicht aus, um all das zu sagen, wofür ich keine Worte habe. Wir steigen ins Auto und fahren los. Es ist gespenstisch still, niemand sagt ein Wort. Draußen ist es stockfinster, die Nacht überdeckt alles, nur die Sterne leuchten. Ich sehe alles nur verschwommen. Wir sind zusammen und halten uns fest. Es ist einer der traurigsten, aber auch magischsten Momente, da wir realisieren, was es bedeutet, einander zu haben.

🐚 Steh jemandem in schweren Zeiten bei. Du musst nichts tun oder sagen. Nur da sein.

LEISES LAUSCHEN

Ich unterhalte mich oft mit Menschen, die ihr Glück gefunden haben. So habe ich im Verlauf der letzten Jahre mit über 70 Menschen über ihr Leben gesprochen. Das mache ich zum einen, weil ich damit anderen Menschen helfen möchte, ihr eigenes Glück zu finden, indem ich die Gespräche kostenlos veröffentliche. Zum anderen mache ich das aber auch, weil es mich jedes Mal mit ganz viel Glück erfüllt, wenn ich diesen Menschen zuhören darf. Als ich mit den Interviews begonnen habe, war es mir gar nicht bewusst, wie schön es ist, einem anderen Menschen wirklich zuzuhören.

Ich lasse mich völlig auf meine Gesprächspartner ein. Ich formuliere keine Fragen, während ich zuhöre, sondern lasse mich von ihren Geschichten berühren. Meine Interviewgäste spüren das und fühlen sich sehr wohl dabei. Sie erzählen mir immer sehr detailreich aus ihrem Leben.

Das Schönste dabei ist, dass ich bei jeder Geschichte, die mir erzählt wird, etwas über mich lerne. Es kommt mir manchmal so vor, als ob gewisse Sätze nur für mich gesagt wurden. Es entsteht eine Verbindung, sobald ich den Menschen aufmerksam zuhöre. In der heutigen Zeit haben viele Menschen verlernt, einander interessiert zuzuhören. Auch bei mir findet Konversation viel zu oft in Schriftform über die sozialen Netzwerke statt. Häufig ersetzt ein Smiley oder eine Abkürzung den inhaltlichen Text.

Allerdings habe ich durch meine Interviews gelernt, dass ich, sobald ich einem Menschen wirklich zuhöre, sehr reich beschenkt werde und danach jedes Mal sehr glücklich bin. Für mich ist dies eine Form der Achtsamkeit, die es mir erlaubt, im Hier und Jetzt zu sein und das Glück des Augenblicks zu empfinden.

– Andreas Gregori (Glückfinder Podcast)

🌼 Hör zu. Werte und unterbrich nicht, sondern lausche interessiert.

MEHR MEER

Schon viel zu lange war ich nicht mehr hier. Die unendliche Weite zieht mich mit und ich ertappe mich dabei, wie ich jedes Mal wieder versuche, das Ende des Horizonts erahnen zu wollen. Die Regelmäßigkeit der Wellen tut gut. Alles verändert sich, das Leben nimmt seinen Lauf. Aber die Wellen sind einfach immer da und empfangen mich mit tosendem Applaus.

Das Handy ist aus, die Schuhe sind aus und der Kopf ist auch aus, wenn ich hierher komme. Nur ich und das Meer.

Meine Füße berühren den warmen Sand, der unmittelbar durch die Zehen rinnt. Der salzige Wind wuschelt mir durch die Haare und pustet alle Gedanken und Sorgen weg. Ich kann nicht anders, als richtig tief einzuatmen. Mit geradem Rücken, die Brust zum Meer ausgestreckt, mit vollen Lungen und einem offenen Herzen stehe ich da und bin bereit für alles, was kommt.

Die Mischung aus der frischen Brise im Gesicht und dem warmen Sand unter meinen Füßen beschert mir eine Gänsehaut. Die Sandkörner auf der Haut sind Tausende kleine Andenken an diesen Moment.

🐚 Fahr ans Meer.

MUTIG SEIN

Im Auto sitzend, entdecke ich im Rückspiegel eine junge Familie. Das Pärchen bleibt stehen. Hält inne. Schaut sich an, umarmt und küsst sich. Einfach so. Ich halte den Moment fest. Für mich.

Ich steige aus dem Auto und laufe auf sie zu. »Glück braucht eine Portion Mut« lautet mein Motto und es gilt, dies immer wieder aufs Neue zu leben. Es scheint komisch zu sein, einfach fremde Menschen anzusprechen und ihnen dann auch noch zu sagen, dass man sie gerade in einem sehr intimen und wunderschönen Moment zufällig gesehen hat.

Mein Herz klopft und ich bin gespannt auf die Reaktion. Ich sage ihnen, dass ich mich gerade sehr mit ihnen gefreut habe und es ihnen nicht vorenthalten möchte. Es ist wirklich etwas Besonderes.

Sie sind erst leicht erstaunt, aber dann sehr bewegt. Beflügelt und breit grinsend gehen sie Arm in Arm davon.

🐚 Mach fremde Menschen auf schöne Situationen aufmerksam.

SANDKASTENGELÜSTE

War ich 15 oder 16? Jedenfalls hatte ich große Lust, draußen im Sandkasten zu spielen. So richtig im Sand rumzuwühlen. Ihn durch die Hände rieseln zu lassen. Burgen zu bauen …

Aber in dem Alter? Als Jugendliche? Das wäre viel zu peinlich gewesen. Also blieben mir nur meine kindlichen Sehnsüchte, zu denen ich mich jedoch nicht öffentlich bekennen wollte, denn gefühlte tausend Augenpaare würden mir zusehen. Bis ich dann eine tolle Idee hatte. Ich klingelte bei unserer Nachbarin, Mutter von fünf Kindern. Ob ich wohl auf den Kleinsten aufpassen dürfte? Der würde bei dem schönen Wetter doch bestimmt gerne auf den Spielplatz gehen. Rutschen und Sandkuchen backen. Das musste ich nicht zwei Mal fragen. Schnurstracks wurde ich mit Eimerchen und Schippchen ausgestattet und stolzierte mit dem Dreijährigen los. Was war das für ein herrliches Gefühl! Wir beide konnten nicht genug bekommen. Glückselig gab ich den Kleinen nach meinen Sandkastengelüsten zu Hause ab. Und die Nachbarin fand, dass ich ganz schön sozial eingestellt sei. War ich auch. Aber nicht an diesem Tag. Da ging es nur um mein eigenes Glück, das ich übrigens öfter wiederholte.

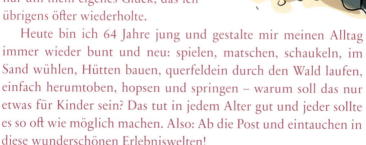

Heute bin ich 64 Jahre jung und gestalte mir meinen Alltag immer wieder bunt und neu: spielen, matschen, schaukeln, im Sand wühlen, Hütten bauen, querfeldein durch den Wald laufen, einfach herumtoben, hopsen und springen – warum soll das nur etwas für Kinder sein? Das tut in jedem Alter gut und jeder sollte es so oft wie möglich machen. Also: Ab die Post und eintauchen in diese wunderschönen Erlebniswelten!

– Christa Burghardt

🐚 Lade jemanden auf einen Spielplatz ein.

WENN GEDANKEN FLIEGEN LERNEN

An einem Spielplatz vorbeizulaufen, fällt mir heutzutage immer noch schwer. So oft lacht mich dann die Schaukel an und ab und zu kann ich nicht anders und gönne mir eine kleine Auszeit.

Die Beine baumeln, der Luftzug durch das Wippen streift durch die Haare, die anfänglich leicht verwirrten Blicke der anderen – seien es Kinder oder Erwachsene – amüsieren mich. Immer höher und höher schaukele ich, ganz wie früher, als man fest von der Möglichkeit überzeugt versuchte, eine ganze Umdrehung zu schaffen. Ich schaue nach oben, lasse mich zurückfallen, strecke die Beine aus und lasse mich ausschaukeln. Es ist ein wunderbares Gefühl, sich selbst dabei zu beobachten, wie man immer langsamer wird. Vor und zurück, hoch und runter, ein bisschen wie im richtigen Leben. Die Gedanken fliegen davon, man fühlt sich leicht und etwas schwindelig, wenn man absteigt und seinen Weg hinein in den Alltag fortsetzt.

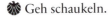 Geh schaukeln.

STRASSENMELODIE

Vollbepackt mit Einkaufstüten, meiner Laptoptasche und einem ungeduldigen Hund an der Leine ziehe ich durch die Straßen. Die Autos rasen dicht an uns vorbei, irgendwo pöbelt jemand rum.

Das Treiben auf der Straße mit all seinen Unterschieden, den Menschen, den vielen kleinen Situationen, den Gerüchen und Geräuschen fasziniert mich immer wieder und wenn das Wetter nicht so schlecht wäre, würde man sich fast wie im Süden vorkommen.

Um noch schneller nach Hause zu kommen, nehme ich eine Abkürzung und ziehe den Hund halbherzig hinter mir her. Keine Zeit zum Schnüffeln! So beladen wie ich bin, tut mir eh schon alles weh. Außerdem ist es kalt und ich will einfach nur heim. Da reißt auch noch der Griff der Tasche und alles fällt zu Boden. Das kommt davon, wenn man sich beeilen will.

Als ich gerade mein Gemüse einsammle und den Joghurt vom Gehweg kratze, läuft ein Junge auf der gegenüberliegenden Straßenseite vorbei. Er ist so fröhlich und unbeschwert. Mit seinem kleinen Schulrucksack schlendert er trotz all dem Stress um uns herum ganz langsam Richtung Heimat. Er ist ganz bei sich und schaut in der Gegend herum. Er trödelt und schlendert und – er pfeift ein Lied.

Da hocke ich über meiner Einkaufstasche, ärgere mich über meine Hetzerei und bin vom Pfeifen des Jungen so ergriffen, dass für den Moment irgendwie alles andere egal ist.

Wann habe ich das letzte Mal einfach so aus guter Laune heraus gepfiffen?

Ich nehme den Hund beiseite, knuddele ihn und signalisiere mit einem Pfiff, dass es nun weiter geht.

Ich stimme heimlich eine kleine Melodie an und so schlendern wir beide nach Hause.

🪶 Pfeif mal wieder ein Lied.

HEIMISCHES PARADIES

Ich war zum ersten Mal seit langer Zeit wieder im Rheinland und an Karneval sind alle Freunde wieder in der Heimat. Man bekommt das Gefühl, einfach am richtigen Ort zu sein. An Weiberfastnacht stand ich mit einem guten Freund unter einem Pavillon. Die Straße war noch verschmutzt durch den Müll, die Pferdeäpfel und die Kamelle, die nach dem Karnevalsumzug niemand aufgesammelt hatte. Hinter

uns tanzten und lachten unsere Freunde zu den vertrauten kölschen Tönen. Es regnete wie aus Eimern und es war kalt. Ich nahm meinen Freund in den Arm und sagte: »Manche Leute wünschen sich jetzt Palmen, Strand, Meer und Sonne – aber für mich ist das hier das Paradies!«

– Manuel Sowada

🕮 Feiere mit alten Freunden.

TREIBEN LASSEN

Es ist einer der entspanntesten Urlaube, die ich jemals gemacht habe. Mein Mann und ich machen seit Tagen nichts anderes, als die Zeit beim Vorbeifliegen zu beobachten und den warmen Sand unter den Füßen zu spüren. Wir leben in einer winzigen Holzhütte und pendeln zwischen Hängematte und Liegestuhl. Einfach nur sein in Höchstform. Wir sind mit unserer bloßen Existenz glücklich und zufrieden. Man lauscht dem niemals endenden Rauschen, lässt seinen Blick in die Ferne schweifen und hängt seinen Gedanken nach. Nach dem dritten Tag ist es dann aber doch etwas zu viel des Guten und ich begebe mich auf einen Strandspaziergang. Ohne Ziel schlendere ich die unendliche Küste entlang, ab und zu erwischt mich der erfrischende Ausläufer einer kleinen Welle. Ich habe keinen blassen Schimmer, wie lange ich wohin laufe, ich lasse mich treiben. Es ist schön zu sehen, wie meine Gedanken kommen und gehen – genau wie die Wellen. Plötzlich weckt ein knallbuntes Holzstück meine Aufmerksamkeit und ich erkunde es mit offener Neugierde. Die grellgrüne Farbe ist abgeblättert, aber noch gut zu erkennen – ein Prachtstück von Treibholz. Ich bin sehr stolz auf meinen Fund, klemme ihn unter meinen Arm und sofort sprudeln die Ideen, was man alles damit machen könnte. Da ist noch ein hellblaues. Und ein rotes! Mein Sammlertrieb ist geweckt und im Laufe meines Spaziergangs finde ich viele tolle Einzelstücke. Bei jedem Stück Holz freue ich mich wie ein kleines Kind. Wieder bei der Hütte angekommen, beginne ich sofort, ein kunstvolles Arrangement aus meinen Fundstücken zu formen. All das wäre nicht geschehen, wenn ich nicht einfach drauflos gegangen wäre und den Dingen ihren Lauf gelassen hätte. Das Nichtstun und die Offenheit haben eine ganz neue Facette der Kreativität geweckt und seitdem gehört Treibholzsammeln zu meinen Lieblingsbeschäftigungen.

🐚 Such dir ein neues Hobby.

PLÖTZLICH IST ER DA

Im Eifer des Gefechts und in dem Alltagsstrudel, in dem wir uns alle immer mal wieder befinden, bekommen wir oft nicht alles mit, was um uns herum geschieht. Ganz besonders ist mir das bei den Jahreszeiten aufgefallen. Plötzlich hat alles geblüht, dann war der Hochsommer von heute auf morgen da und auch genauso schnell wieder weg. Grau. Der erste Frost. Zack! Die Welt dreht sich und ich merke es nicht, weil ich vor lauter Rennerei nur noch die Sprossen des Hamsterrads, aber nicht mehr mein eigenes Umfeld wahrzunehmen scheine. Das fuchst mich und ich übe mich darin, Tag für Tag alles um mich herum offen wahrzunehmen. Tagtäglich die Welt neu zu erkunden, ist immer wieder eine kleine Herausforderung. Seitdem ich mich öfter darauf konzentriere, was draußen alles passiert, genieße ich diese Momente sehr intensiv. Ich liebe es, die Blumen bei ihrem täglichen Fortschritt zu beobachten, die flirrende Hitze des Sommers zu atmen oder dem fallenden Schnee zu lauschen. Ganz besonders hat es mir aber der Herbst angetan.

Diese stille Melancholie, die der Abschied vom Sommer mit sich bringt, gepaart mit der Vorfreude auf den kuscheligen Winter. Die einzigartigen Färbungen der Blätter lassen einen immer wieder staunen. Wenn ich einen Weg entdecke, der zu meinem Glück noch nicht ordentlich gekehrt wurde, freue ich mich, wie ein kleines Kind durch die Laubdecke zu stapfen. Ich schlurfe fröhlich durch die bunte Menge und wirble die Blätter mit den Füßen auf. Dabei kommt dieser einzigartige Geruch der neuen Jahreszeit ganz besonders zur Geltung.

🪷 Stapfe durch Herbstlaub.

GLITZERN IM AUGENWINKEL

Wie schön waren die Autofahrten von früher: Es gab keine serienmäßige Klimaanlage und man genoss den frischen Wind, der bei zunehmender Geschwindigkeit durch das offene Fenster strömte und die Haare wild umherwirbelte. Sofort hatte man die Abgase des Mopeds, die frisch gemähte Wiese, das Weizenfeld oder auch den gerade gepflügten Acker in der Nase.

So düste man durch die Gegend, die Musik laut aufgedreht, unterbrochen von der Frage, wer die Kassette nun umdrehen soll.

Mit der aus dem Fenster gestreckten Hand bewunderte man immer wieder aufs Neue die Dynamik des Fahrtwinds und träumte sich als Beifahrer des Öfteren weg. Mit leerem Blick raste die Welt an einem vorbei, man sah alles nur verschwommen, der Kopf müde von der Hitze und die Beine klebten am Autositz.

Plötzlich erhascht man ein Glitzern im Augenwinkel.

Im gleichen Moment rauscht man vorbei und sieht ihn nur ganz kurz:

Den Bandsalat am Straßenrand.

Nachdenklich schaut man dem Knäuel hinterher und fragt sich, welches Musikstück hier wohl voller Verzweiflung aus dem Fenster geflogen ist. Im gleichen Moment stoppt die Musik, es klackt. Und man dreht die Kassette ein weiteres Mal um. Weiter geht es und man gibt Gas.

🐚 Öffne die Fenster und dreh die Musik auf.

IT'S NOT A BUG, IT'S A FEATURE

Wir Menschen mit Behinderungen werden immer wieder damit konfrontiert, was wir können und was wir nicht können. Meistens ist es aber die Gesellschaft, die einen behindert. Eine Behinderung kann nämlich auch Chancen bieten, die alternative Wege und Blickwinkel entdecken lässt. Eine Begegnung auf einer Fachtagung zum Thema »Bildung und Inklusion« in einer inklusiven Förderschule hat mich sehr berührt. Ich wurde einer Klasse vorgestellt und die Kinder waren sichtlich nervös und aufgeregt. Sie trauten sich kaum, die vorbereiteten Fragen an mich zu richten. Ich versuchte, die Atmosphäre aufzulockern und witzelte herum. Dann meldete sich ein 12-jähriger Junge im Rollstuhl und haute mich mit seiner Frage um: »Können Sie mir Tipps geben, wie ich selbstbewusster werden kann?« Ich schluckte kurz. Er brach mir das Herz. Ein 12-jähriger Junge, der so klar und reflektiert im Kopf war, wie ich noch nicht einmal mit 30. Ein Junge, der sich traute, vor seinen Freunden einem Fremden eine solch intime Frage zu stellen! Nach einer Denkpause stammelte ich an alle Kinder der Klasse einen Satz, der in etwa so lautete: »Lasst euch von niemandem sagen, was ihr nicht könnt! Weder von euren Lehrern, Eltern, noch von sonst irgendjemandem. Ihr sollt eure eigenen Grenzen selbst spüren, erreichen und erfahren dürfen. Nur dann wisst ihr, was geht und was nicht. Wer sagt denn, dass ihr nicht Erzieher oder

Reiterin werden könnt wegen eurer Behinderung? Euer Körper oder ›die Erwachsenen‹? Probiert es aus. Ihr könnt nichts verlieren. Nur gewinnen!«

– Raul Krauthausen (Aktivist bei den Sozialhelden)

🐚 Bestärke andere in ihren Träumen.

GEMEINSAM TRAURIG

Gerade gestern ist mein erster Hund gestorben, nach 16 Jahren und unendlichen gemeinsamen Erlebnissen ist er gegangen. Mein Herz fühlt sich schwer an. Auf der anderen Seite bin ich erleichtert, weil es ein so liebevolles Ende war und wir uns alle gegenseitig Halt gaben. Nun fahre ich nach Berlin, um etwas Abstand zu bekommen. In der Bahn sitzend, rast die Welt an mir vorbei und meine Tränen rennen mit den Regentropfen an der Zugscheibe um die Wette.

Es ist bereits dunkel, als ich im tobenden Berlin ankomme und an einer einsamen Haltestelle auf den richtigen Bus warte. Es scheint ewig zu dauern und es ist bitterkalt, vielleicht bin ich aber auch nur deshalb am Zittern, weil mich meine Kraft etwas verlässt. Überall lauern Erinnerungen und immer wieder kommen kleine Geschichten der letzten Jahre in mir hoch.

Plötzlich steht eine junge Frau neben mir. Da stehen wir zu zweit in der Nacht. Auch sie weint. Ganz heimlich fließen ihr die Tränen die Wange herunter. Da ich bestens ausgestattet bin, reiche ich ihr ein Taschentuch. Ich schaue sie mit verquollenen Augen an und sage: »Ich glaube, das kannst du gerade gut gebrauchen. Uns geht es wohl ähnlich heute.«

Erst ist sie etwas perplex, aber dann weicht dem traurigen Gesicht ein kleines Lächeln. Als sie vor lauter Sprachlosigkeit ein leises »Danke« hervorbringt, verabschiede ich mich, drehe mich um und entschließe mich, den restlichen Weg zu laufen. Die Nacht tut mir gut.

🐚 Tröste jemanden, der traurig ist.

KINDERKISTE

Das Kümmern um die Altersvorsorge, eine Mieterhöhung, ein nicht enden wollender Briefwechsel mit der Krankenkasse oder ein Zipperlein im Rücken – manchmal fühlt man sich einfach alt, ob man es ist oder nicht. Das ernste Leben holt uns ein und scheint einen manchmal auch ein bisschen zu überrollen. »Der Ernst des Lebens« – wie ich diesen Spruch damals schon gehasst habe. Was soll das denn überhaupt heißen? Von nun an ist das schöne Leben vorbei, alles wird nur noch ernst und hart sein? Das habe ich zum Glück noch nie geglaubt.

Ich konnte mir seit jeher ganz gut mein innerliches Kind bewahren. Aber manchmal verliert man den Kontakt zu jenem Kind und muss sich wieder annähern. Wenn ich das Gefühl habe, dass wir uns schon länger nicht begegnet sind, hole ich meine Kinderkiste hervor. Das ist eine uralte, von meinem Opa gebaute Holzkiste, voll mit kunterbunten Mitbringseln aus meinen Kindertagen. Für Außenstehende mögen sicher auch nichtige Dinge dabei sein, aber für mich hat jedes einzelne Objekt eine ganz einzigartige Geschichte. Wenn ich diese Kiste in einem ruhigen Moment öffne, atme ich tief ein und mir strömt ein wohlig bekannter Duft entgegen. Ein bisschen Holzgeruch von ein paar Spielzeugsachen, ein leicht ledriger Hauch von dem in eine Lederhülle gepackten Knobelspiel meines Vaters oder etwas Salz von den eifrig gesammelten Muscheln.

Der kleine Tiefseetaucher macht mir Mut, das in eine alte Schatulle meiner Oma gepackte Freundschaftsband erinnert mich daran, mich mal wieder bei einer alten Freundin zu melden, und ein kleiner Pumuckl flüstert mir zu, das Leben nicht immer ganz so ernst zu nehmen. Ich streichle ihm über den Kopf, bevor ich die Kiste langsam wieder schließe. Es ist immer wieder eine Mischung aus Nostalgie und Vorfreude auf das, was kommt.

🐚 Schwelge mal wieder in alten Erinnerungen.

BUCHSTABENTEUER

Mein Herz singt, wenn ich den Geruch eines neuen Buchs einatmen kann. Schon als Kind habe ich Bücher geliebt und sie verschlungen. Schon bevor ich lesen konnte, habe ich viele Bücher besessen, deren Inhalt mir vorgelesen wurde und den ich auswendig konnte. In der Grundschule soll ich geäußert haben, ich würde einmal Schriftstellerin werden. Damals hielt ich gerne Referate über Bücher, die ich gelesen hatte. Ich erinnere mich noch heute an das Gefühl, welches die Bücher, über die ich sprach, in meiner Hand hinterließen. Darüber zu reden und sie bei mir zu haben, gab mir ein gutes Gefühl. Später dann habe ich Germanistik studiert. Ich mag nach wie vor den Umgang mit Büchern, mit Sprache und Worten. Schon immer habe ich mich nur schwer von Büchern trennen können.

Je älter ich werde, desto mehr stelle ich fest, wie glücklich es mich macht, wenn ich von Büchern umgeben bin. Ich muss in fast jede Buchhandlung hineingehen. Und wenn ich mir dann dort ein Buch aussuche, ein bestelltes bei mir ankommt oder ich überraschend eines geschenkt bekomme, dann rieche ich immer zuerst daran. Der Geruch eines Buchs ist einfach unvergleichlich! Es riecht neu, nach Farbe und Papier, nach Abenteuern in Worten, nach Liebe aus Buchstaben und nach einem Leben, das ich nur durch dieses Buch führen können werde!

– Marissa Conrady

🐚 Lies jemandem eine Geschichte vor.

KLEINER BRUDER

Jeder von uns hat ganz bestimmte Bilder seiner Kindheit im Kopf. Manchmal sind es nur kurze Augenblicke, die sich für immer festgesetzt haben. Ich wundere mich, was mein Gehirn dazu veranlasst, bestimmte Bilder auf Lebenszeit zu speichern. Was sind die Auslöser dafür? Bei einem wirft mir mein Opa im Hinterhof einen knallroten Ball zu, ein anderes zeigt mich beim Gassigehen mit dem Nachbarshund Keks – ein drittes das Trampolinspringen auf dem elterlichen Ehebett, was man trotz Verbot heimlich gemacht hat. Kleine alltägliche Situationen von damals, die bis heute taufrisch in meinem Gedächtnis sind. Manche Erinnerungen werden mit der Zeit blasser und wenn man sie nicht wieder hervorholt, verschwinden sie manchmal sogar ganz. Es gibt aber ein Bild in meinem Kopf, das mich mein Leben lang lebendig begleiten wird. Es ist die Geburt meines kleinen Bruders.

Ich sitze mitten in der Nacht auf Papas Schoß, wir warten im Krankenhaus seit ewigen Stunden. Nervöse Blicke auf die Uhr, die Zeit geht nicht um. Mit noch nicht einmal vier Jahren realisiere ich das nicht, ich spüre nur die allgemeine Unsicherheit und Ungeduld. So habe ich meinen Vater noch nie erlebt, es macht mir Angst und ich klammere mich fest an ihn.

Die Momente ziehen sich unendlich und wir sitzen einfach da, halten uns fest und schauen auf die Uhr. Plötzlich kommen Ärzte in weißen Kitteln und schieben ein kleines Baby in einem ebenso kleinen Kasten zu uns. Es ist so winzig, hilflos und schwach, aber es lebt. Ich frage Papa, ob das mein kleiner Bruder ist und kann sein Kopfnicken kaum erwarten. Er weint. Vor Freude.

🪷 Erzähl jemandem von besonderen Kindheitserlebnissen.

ACHTSAMES ERWACHEN

Früher Morgen. Aufstehen. Die Kerze neben dem Buddha meiner Großmutter, der mich seit meiner Kindheit begleitet, anzünden. Zazen.

Ihre Disziplin habe ich eingeatmet an den vielen Morgen, an denen sie vor dem alten Brikett-Ofen jeden Tag – jahrein, jahraus – ihre Gymnastikübungen machte. Neben diesem Buddha. Für mich hatte der »dicke Messing-Typ«, wie ich ihn nannte, damals noch keine Bedeutung. Meditieren gehörte für mich in die Eso-Ecke. Doch aus einem Bauchgefühl heraus wollte ich den Buddha nach ihrem Tod behalten.

Früher Morgen. Das war früher der Moment, in dem ich oft das Gefühl hatte, dass mich eine Gedankenlawine schon im ersten wachen Moment erwischt – manchmal wollte ich am liebsten liegen bleiben. Es war die Zeit, als das »Zuviel« meinen Alltag bestimmte und die Ängste das Sagen in meinem Kopf hatten.

Heute freue ich mich aufs Aufstehen. Mehr noch: Jeden Morgen beginnt mein Tag mit Zazen – bevor der Tag erwacht. Das hat mein Leben verändert. Draußen schleicht sich ganz langsam die Nacht von dannen – während ich achtsam meinem Atem folge. Nein, das gelingt mir längst nicht immer. Aber immer öfter. Wenn ich meine Augen nach 25 Minuten wieder öffne, dann ist der Tag da. Hell. Licht. Ein ganz besonderer Moment.

Zazen. Ich übe. Die Dinge sehen, wie sie sind. Nicht versuchen, sie zu ändern. Annehmen. Loslassen. Endlich mal die »Automatik-Schaltung« in meinem Gehirn abstellen. Und manchmal gelingt es – für einen kurzen Moment. Einen Glücksmoment.

– Dorette Segschneider (Coach für Mindful Business)

🐚 Setz dich nach dem Aufwachen hin und nimm wahr, was ist.

WIMMELBILD

Wenn der Tag nicht enden will und die To-do-Liste scheinbar immer länger wird, dann ziehe ich manchmal die imaginäre Reißleine und verkrümele mich an einen Ort, an dem mich niemand finden und erreichen kann.

Die rote Picknickdecke, das Weinglas und eine leckere Stulle liegen im Körbchen, während ich die knarzenden Treppen hinaufsteige. Der Duft des Dachbodens und die immer warme Luft empfangen mich mit einer Ruhe und Geborgenheit, die mich den Alltag unmittelbar vergessen lässt. Die Steinwände werden von den spärlichen Lichtstrahlen, die durch die Dachluken fallen, angeleuchtet und mich zieht es Richtung Tür. Da wartet sie auf mich, die abenteuerliche freie Fläche mitten auf unserem Dach. Vielleicht sollte sie mal eine Terrasse werden, aber so weit ist es nie gekommen. Und das ist auch gut so, denn so ist sie nur für mich da, wenn ich mal wieder eine kleine Auszeit brauche.

Der vom Tag erhitzte Boden wärmt meine nackten Füße, während ich die weiche Decke ausbreite. Der Weißwein perlt im Glas. Der erste eiskalte Schluck leitet den Feierabend ein. Hier sitze ich nun und um mich herum tobt das Leben. Autos hupen auf den Straßen, ein Nachbarskind schreit, gegenüber tanzt jemand nackt am Fenster vorbei. Der Duft von frischer Wäsche weht zu mir hoch und in der Ferne zieht ein Heißluftballon vorüber.

Ich liebe dieses wuselige Wimmelbild, das ich aus einer gänzlich anderen Perspektive beobachten darf. Ganz wie in einer Miniaturlandschaft.

Hier oben ist man weit weg und doch mittendrin, der Dreh- und Angelpunkt aller Geschichten, Dramen und Lebensweisheiten.

Ich lasse mich etwas müde vom Tag auf die Decke fallen. Beduselt von diesem wohlig warmen Moment döse ich kurz weg. Als ich aufwache, sehe ich die vielen Schwalben um mich herum tanzen und sie zeigen mir einmal mehr, wie leicht das Leben sein kann.

🐚 Geh an einen Ort, an dem du alles um dich herum vergessen und Kraft tanken kannst.

REISEFIEBER

Jeder kennt das Gefühl, an einem großen Flughafen anzukommen. Überall wuselt es, es scheint wie ein riesiges Mosaik vor einem zu liegen: Das Leben der Tausenden Menschen, die vielen verschiedenen Schicksale, in jedem einzelnen Kopf gibt es eine individuelle Geschichte, warum man nun um die halbe Welt fliegt. Ist es das langersehnte Wiedersehen mit einem geliebten Menschen? Ist es eine geschäftliche Reise, die vielleicht den nächsten großen Schritt bedeutet? Oder ist es eine spontane Weltreise, weil man neue Segel hissen und frischen Wind in sein Leben lassen möchte? Ich liebe es, an Flughäfen zu sein, selbst wenn ich nicht das Glück habe, wegfliegen zu dürfen. Ich beobachte eine gefühlte Ewigkeit die Menschen um mich herum, wie sie entweder entspannt durch die Gegend schlendern und sich dem hektischen Fluss hingeben oder wie sie voller Panik versuchen, ihren Flug doch noch zu erwischen. Emotionale Abschiedsszenen gefolgt von euphorischen Willkommensgrüßen. Liebevolle Küsse, enge Umarmungen, so viele Kulturen faszinieren immer wieder. Ich höre Sprachen, die ich vorher noch nicht kannte. Jeder Einzelne ist so interessant, dass man sofort mit ihm ins Gespräch kommen möchte.

Ich bin durchsichtig und niemand beachtet mich, ich bin ein ganz kleines Teilchen des Mosaiks. Ich stehe vor der riesigen Anzeigetafel, die Buchstaben drehen durch. Ich schließe meine Augen und schummele nur ein bisschen, weil ich einfach zu neugierig bin. Ich zücke meinen Zeigefinger und lasse den Zufall entscheiden, wohin es als Nächstes geht.

Das Fernweh hat mich gepackt. Die Welt ist groß und wild und wunderbar.

🜚 Besuch einen Flughafen oder Bahnhof und beobachte die Menschen.

DER HEIMWEG

Wenn sich unerwartete Dinge ergeben, ermöglichen sie ganz besondere Erfahrungen und man sollte die Gelegenheit nutzen, diese wahrzunehmen und auszukosten.

Ein Geschenk, das sich für mich ganz spontan ergab, war eine Situation, in der ich über zwei Stunden bei herrlichem Sonnenschein von der Arbeit nach Hause laufen durfte.

Eigentlich war ausgemacht gewesen, dass ich mit dem Auto meinen Mann abhole. Er wollte mir den Schlüssel auf den Schreibtisch legen, doch leider nahm er diesen in seiner Hosentasche mit.

Ich hätte mir ein Taxi nehmen oder mit der S-Bahn nach Hause fahren können. Doch bis das Taxi angekommen und mich durch den Feierabendverkehr nach Hause gebracht hätte oder ich mit der S-Bahn und vielem Umsteigen und Fußwegen endlich daheim angekommen wäre, wäre so viel Zeit vergangen, dass ich auch nach Hause hätte joggen können.

Also machte ich das Beste aus dieser verzwickten Situation und beschloss kurzerhand, mich der Herausforderung zu stellen und entlang der Isar bei herrlichem Sonnenschein ohne Druck und Hast nach Hause zu laufen. Ich habe gemerkt, wie schön es ist, sich in solchen Situationen nicht zu ärgern, sondern sie leicht zu nehmen und so gut es geht zu genießen. Und dieser Heimweg war wohl einer der schönsten, den ich je hatte. Ich kam entspannt und voller Freude zu Hause an und hatte einiges zu berichten.

– Stefanie Kunter-Thiessen

🏵 Nimm mal einen anderen Weg zur Arbeit.

AUF DIE LISTE, FERTIG, LOS!

Listen gibt es wie Sand am Meer, vor allem bei mir daheim. Was muss ich einkaufen? Was will ich meiner Oma erzählen? Wem muss ich noch welche E-Mail schreiben? Wer hat wann Geburtstag? Und neben meinem Bett liegt ab und zu auch eine mit all den Gedanken und Ideen drauf, die ich noch loswerden muss, um ruhig schlafen zu können.

Meine To-do-Liste für die alltäglichen kleinen und großen Erledigungen ist sowieso ein Fass ohne Boden. Sie verschmilzt regelmäßig mit meinem vollen Kalender und so ist meine Liste mit all den zu erledigenden Dingen manchmal gefühlte drei Meter lang. Man hangelt sich von Tag zu Tag und versucht verzweifelt, dieser Listen Herr zu werden, doch das Einzige, was man schafft, ist, dass sie stets länger werden. Das ist doch Wahnsinn! Ich warte sehnsüchtig auf den Tag, der mir einmal leer erscheint. An dem ich tun und lassen kann, was ich will. Ab und zu schaffe ich das an den Wochenenden, die ich mir mühsam frei kämpfe, aber auch hier lauert der Freizeitstress. Manchmal frage ich mich dann, was passieren würde, wenn ich all diese Listen einfach wegschmeiße, verbrenne und lösche? Würde sich etwas ändern? Wenn etwas wirklich wichtig ist, werde ich es erledigen und alles andere nicht – oder eben später. Aber es würde mich zumindest nicht täglich daran erinnern, dass ich unendlich viel zu tun habe. Auf der anderen Seite macht es auch einfach unfassbar viel Spaß, Dinge von To-do-Listen zu streichen. Es befriedigt und beruhigt auf eine seltsame Art und Weise. Ich habe mich schon dabei erwischt, wie ich, nachdem ich etwas geschafft hatte, dies schnell noch auf die Liste schrieb, nur um es im selben Moment wieder durchzustreichen!

Wahrscheinlich ist es in genau solchen Momenten an der Zeit, die Liste endgültig zu entsorgen …

🌼 Wirf deine To-do-Liste weg.

LILA WOLKEN

Benommen von der durchgemachten Nacht schwanke ich aus dem Zelt hinaus, das mich bis eben mit lauter Musik die Zeit hat vergessen lassen. Der Himmel ist bereits in ein helles Violett gefärbt. Es wirkt irreal, wie all die Menschen hier vor meinen Augen die Nacht nicht zu Ende gehen lassen wollen. Sie lachen und tanzen, als ob es kein Morgen gibt. Ich stehe zwischen zwei Welten, vor mir der ruhige See und die Stille der Natur, hinter mir der kräftige Bass, der jeden Atemzug in den Lungen beben lässt. Der Kontrast könnte nicht stärker sein. Der Sand vibriert unter den Füßen und die frische Luft kündigt den neuen Tag an. Ich kann nicht mehr aufhören und schaue mir selbst beim Tanzen zu. Als der Himmel immer heller wird und die Sonne kurz davor ist, aufzutauchen, drehe ich mich um und gehe nach Hause.

🌼 Tanze bis zum Morgengrauen.

WEIT WEG

Gerade flitze ich von einem Termin zum nächsten, als mich mein Hund daran erinnert, dass es mal wieder an der Zeit ist, eine Pause zu machen. Das trifft sich ganz gut, ich kann es nämlich gerade vertragen, mir die Beine zu vertreten. Ich halte spontan am Straßenrand und wir beide laufen in die Felder, am Waldrand entlang. Die Sonne steht schon tief und zaubert durch die Äste ein unglaubliches Lichtspiel auf den Feldweg. Als ich gedankenverloren umherschlendere, bleibt mein Blick an etwas hängen, das mich immer schon fasziniert hat: ein Hochsitz. Was die Förster da oben wohl machen, denken und sehen? Langweilen sie sich nicht zu Tode? Kann man da auch übernachten? Ich war noch nie dort oben. Gedacht, getan. Ich bin ja ein großer Fan von kleinen Abenteuern des Alltags und schon habe ich die ersten wackeligen Leitersprossen erklommen. Mein Hund schaut etwas schief, stört sich aber nicht weiter an meinem Kletterausflug. Da bin ich. Herzlich willkommen in einer anderen Welt. Ich bin keine fünf Meter hoch, aber fühle mich so unglaublich weit weg von allem. Meine Gedanken sind frei. In der Ferne klopft ein Specht, man hört das leise Rauschen der Autobahn, aber hier oben herrscht Stille. Meine Blicke ziehen über den Horizont, ein kühler Wind weht und ich vergesse die Zeit. Das Holz knarzt leise und reißt mich aus meinen Tagträumen. Es wird Zeit weiterzuziehen, der nächste Termin wartet. Während ich die wackelige Leiter herunterkraxele, kommt ein Fuchs aus dem Unterholz und mein Hund und ich schlendern zusammen zurück zum Auto. Dies war definitiv eine meiner schönsten Mittagspausen.

🦔 Setz dich auf einen Hochsitz und beobachte die Natur.

BESSERE HÄLFTE

Es ist Januar und bitterkalt. Ich wünsche mich kurz nach Nicaragua zurück, wo es 43 Grad wärmer war. Verfluche den langen Weg vom Flughafen nach Hause und die Tatsache, dass ich nur einen Pulli anhabe und dazu immensen Schlafnachholbedarf. 24 Stunden Verspätung. Mir bleibt noch genau eine Nacht, bis die Arbeit wieder beginnt. Am nächsten Morgen stolpere ich noch ziemlich müde und in ungewohnt festen Schuhen ins Büro. Öffne meinen Laptop. Und kann mir ein Lächeln nicht verkneifen. Nur sieben unbeantwortete E-Mails warten auf mich. Der Rest ist längst erledigt. Die Entspannung darf noch ein bisschen anhalten.

In der Übergabe erfahre ich alles Wichtige, was während meiner Abwesenheit passiert ist. Es ist alles organisiert – und nichts hinten runtergefallen. Als ich höre, dass unser Team über den Jahreswechsel eine andere Strategie eingeschlagen hat, bin ich beinahe ein bisschen sprachlos. Ich hätte all das genau so entschieden, ja, gar nicht besser entscheiden können. Und sie wusste das, ohne mich zu fragen. Kein Anruf, keine einzige berufliche Nachricht hat mich im Urlaub erreicht.

Seit drei Jahren teilen wir nun unseren Job. Haben gemeinsam gegründet, sind zusammen Geschäftsführerinnen unseres eigenen Unternehmens. Ergänzen uns in dem, was wir gerne tun. Und in dem, was wir lieber auf übermorgen verschieben. Können uns jederzeit vertreten, der anderen Aussagen in den Mund legen – und füreinander Entscheidungen treffen.

Hätten wir alleine gegründet, wir hätten schon längst aufgegeben, hätten einseitigere Entscheidungen gefällt, unsere Urlaube wesentlich angespannter verbracht. Und definitiv weniger Freude gehabt. Wir beide möchten nie mehr anders arbeiten als im Jobsharing.

– Anna Kaiser und Jana Tepe (Tandemploy)

🌀 Tu dich mit einem Kollegen zusammen, der dich unterstützt.

ALTE LIEBE ROSTET NICHT

Als mein bester Freund vor vielen Jahren mit dem Rucksack nach Kanada reiste, witzelten wir noch rum und nahmen seine Äußerungen, dass er dort bleiben und arbeiten würde, nicht ganz ernst. Er hat es uns allen gezeigt. Aus dem Nichts losgezogen, ohne etwas in der Tasche und mitten ins Schwarze getroffen. Er hat nun genau den Job, von dem er früher immer blauäugig träumte. Ständig erzähle ich Leuten begeistert, wie er in die Welt hinauszog und sich seinen größten Wunsch erfüllte. Jedes Mal, wenn ich darüber nachdenke, muss ich lächeln und ich freue mich von ganzem Herzen, wie sehr er seinen persönlichen Traum realisiert hat – auch wenn das damit einhergeht, dass er nie wieder zu mir nach Deutschland zurückkommen wird. Und augenblicklich tut mein Herz dann doch weh.

Nun haben wir uns drei Jahre nicht gesehen. Es ist Weihnachten und er kommt nach Hause. Wir sind bereits für den nächsten Tag verabredet, aber ich weiß, dass er heute Abend in seine Stammkneipe zu seinen Kumpels geht. Ich bin zu kribbelig und halte es für das Absurdeste der Welt, zu Hause zu bleiben, während er um die Ecke sitzt. Also düse ich los, kämpfe mich durch den schweren Vorhang der rauchverhangenen Kneipe und meine Augen wandern über all die lachenden, lallenden und lustigen Gesichter. Ein entschlossener Griff an die Schulter. Strahlende Augen. Danach folgen Jubeltaumel und ein beherzter Knuddler. Wir setzen uns, ich bestelle ihm Rum-Cola, sein Lieblingsgetränk, und plötzlich ist das ganze Getöse der Kneipe um uns herum vergessen und wir reden wie ein Wasserfall, immer wieder unterbrochen von lauten Lachanfällen. Die alten Wortspiele sind die gleichen. Er ist der Gleiche. Als sei es gestern gewesen. Die Nacht wird lang. Noch zwei Rum-Cola, bitte!

Besuch einen alten Freund.

LIEGEN UND LAUSCHEN

Die neue Platte meiner Lieblingsband ist endlich herausgekommen und wie jedes Mal ist es ein großes Fest, sie das erste Mal in den Händen halten zu können. Meistens gönne ich mir die Special Edition, weil es dann eine besonders schöne Verpackung mit vielen Bildern, Interviews und B-Seiten gibt. Wenn ich es möglich machen kann, schaufele ich mir den Abend frei. Diese Musik das erste Mal zwischen Tür und Angel anhören geht gar nicht. Dann ist es also so weit und ich schalte die Anlage an, um die CD einzulegen. Der erste Song ist nur noch zwei Knopfdrücke entfernt und mein Puls steigt. Im Schneidersitz hocke ich vor der Anlage und beobachte ungeduldig die Anzeige. Die Musikboxen knarzen kurz und los geht es. Als die ersten Takte ertönen, lehne ich mich zufrieden zurück und lege mich mit dem Rücken auf den Wohnzimmerboden. Die nächste Stunde bin ich nicht ansprechbar, denn ich mache nichts außer lauschen und Luftlöcher starren.

🏵 Leg dich hin und hör Musik.

KUSCHELPARTY

Es gibt immer wieder Augenblicke, in denen ich mich vergeblich nach Zärtlichkeit sehne. Und dann fand ich im Internet plötzlich eine Kuschelgruppe.

Nach einiger Überlegung bin ich voller Erwartung hingefahren. Doch vorstellen konnte ich mir nicht, wie man mit Unbekannten kuscheln kann.

Mit Entspannungsmeditation werden wir von der Trainerin willkommen geheißen und aufgelockert. Wir bilden Reihen und dürfen den jeweiligen Vordermann berühren – das geht schon mal erstaunlich gut. Es ist faszinierend, wie viel Energie durch meine Hände fließt und was man von denjenigen zurückbekommt, die sich so wie ich nach Berührung sehnen.

Dann kommt das Beste – man sucht einen Partner und kuschelt und streichelt einfach drauflos. Tatsächlich ist die ungewohnte Nähe zu der unbekannten Person sehr wohltuend. Wie sich das Gesicht verjüngt unter den Berührungen! Es kuscheln sich noch andere an uns, in einer unglaublichen Ruhe und dem Gefühl ausgeglichenen Gebens und Nehmens. Die Nase im Haar der Nachbarin, genieße ich ganz bewusst diese gelebte Nähe. Es ist wirklich ein großes Glück, sich absichtslos aneinanderzuschmiegen und sich voller Achtung miteinander zu befassen.

Das vollkommene Sein – Musik in den Ohren, Musik in der Seele, Musik auf der Haut. Das Glück war mit Händen tatsächlich zu greifen. Und das Schönste ist, alle meine Beschwernisse »da draußen« habe ich in dieser Zeit vollkommen vergessen.

– Heribert Hansen

Umarme jemanden. Einen Fremden oder einen Freund.

EIN BRIEF AN MEINEN BRUDER

Während eines Workshops kristallisiert sich bei einer jungen Frau heraus, dass sie ein großes Bedürfnis hat, das Verhältnis zu ihrem Bruder zu verbessern. Sie sind Zwillinge, aber schon seit längerem haben sich ihre Wege getrennt. Nicht im Streit, aber sie haben den Bezug zueinander verloren und sind kein Teil des anderen mehr. Im Laufe des Tages wird ihr das immer klarer und sie merkt, dass es sie unbewusst sehr belastet. Sie richtet also die Aufgaben des Workshops rein auf diese Mission aus: Meinen Bruder wieder kennen lernen. Es ist herzzerreißend mitanzusehen, mit welcher Hingabe sie sich den einzelnen Schritten widmet und wie die Ideen sprudeln, wie sie wieder Zugang zu ihrem Zwillingsbruder bekommen könnte. Es folgt ein Liebesbrief. Und da all ihre Emotionen, Worte und Gedanken der letzten Jahre nicht in einen normalen Brief passen, nimmt sie sich eine ganze Tapetenrolle zur Hand und gestaltet sie so schön und warmherzig, dass selbst mir die Tränen in den Augen stehen. Ich erinnere mich an all die Briefe, die ich in meiner Kindheit und Jugend an meine Eltern und vor allem auch an meinen Bruder geschrieben habe. Zu jeder Angelegenheit gab es einen Brief, voll mit Liebe, guten Wünschen, aber auch Ängsten und Fragen. Und mit jeder Zeile, die sie in großen Buchstaben auf die Tapete schreibt, wächst auch in mir das Bedürfnis, meinem Bruder wieder einmal deutlich zu machen, was er mir bedeutet. Er ist mein »kleiner« Bruder, aber wir sind schon lange auf Augenhöhe, auch wenn man es als große Schwester nicht wahrhaben will, dass auch er erwachsen wird. Er ist so willensstark und kraftvoll, kreativ und warmherzig, natürlich ist er auch manchmal viel zu hektisch und leichtsinnig oder redet viel zu viel – aber genau dafür liebe ich ihn und das muss er ganz dringend mal wieder gesagt bekommen.

🐚 Sag deinen Geschwistern, wie wichtig sie dir sind, und verbring Zeit mit ihnen.

BESONDERE VERBINDUNG

Ich bin niemand, der rumrennt und wehrlose Bäume umarmt, um mich mit ihnen »zu verbinden«. Aber manchmal, manchmal – da passiert es einfach. Mein eindrücklichster Moment findet in den

90er Jahren des letzten Jahrhunderts statt. Ich bin auf Vancouver Island, einer Insel mit einem fantastischen Urwaldbestand, extrem bedroht durch gnadenlosen Kahlschlag riesiger Gebiete. Eine Protestbewegung hat ein großes Camp errichtet, in dem auch Konzerte stattfinden – einfach unvergesslich.

Ich laufe fünf Tage an der Küste entlang, teilweise im Regenwald, teilweise am Ufer. Ein wunderbares Erlebnis, die Grenzen der Leistungsfähigkeit auszuloten. Ich habe gelesen, dass der höchste Baum Kanadas hier wächst, eine Sitka-Fichte, 95 Meter hoch. Durch den Fluss wate ich bergauf, bewundere den Baum zunächst gemeinsam mit anderen Wanderern und bin schließlich – überraschend – allein. Einem unerklärlichen Impuls folgend, trete ich auf ihn zu, breite meine Arme aus (als ob man eine Wand umarmen wollte …) und lehne mich an ihn. Lege meinen Kopf an seine raue Borke. Erzähle ihm, dass ich Probleme mit meiner Doktorarbeit habe, nicht weiß, ob ich sie beenden könne. Verspreche ihm, dass ich, falls er mir helfen würde, mein berufliches Leben dem Ziel widmen würde, ihn und seine Kollegen zu schützen. Und ich bekomme von diesem uralten Baum tatsächlich eine Rückmeldung. Eine beruhigende Nachricht. Dass ich es schon schaffen würde. Nach meiner Rückkehr beende ich die Promotion. Und habe meine berufliche Karriere seither dem Klimaschutz und der nachhaltigen, zukunftsfähigen Entwicklung gewidmet, um mein Versprechen zu erfüllen. Übrigens wurde noch im selben Jahr der Kahlschlag auf Vancouver Island beendet!

– Dr. Hermann E. Ott (Umweltwissenschaftler am Wuppertal Institut und ehemaliges Mitglied des Bundestages für die Grünen)

🐚 Schmieg dich an einen Baum.

ZURÜCK AUF LOS

Jeder hat mal so einen Tag. Er beginnt grau in grau, man kommt nicht aus den Federn und schleppt irgendwie auch noch einen schlechten Traum samt der Gefühle mit sich rum. Der Kaffee schmeckt nicht, das Postfach quillt über und sowieso möchte man doch lieber liegen bleiben. Dennoch rappele ich mich auf und mache mich auf den Weg. Ich möchte dem Tag eine Chance geben.
Alles läuft so lala, aber es ist okay für mich. Meine Hoffnung liegt auf dem Mittagessen, für das ich mich mit einem Kollegen verabredet habe. Nur leider verschlimmert dies meine Laune noch zusätzlich, da er mir unverfroren eine geniale Idee verkündet, die so schlecht von mir kopiert ist, dass ich Schnappatmung bekomme und mich ernsthaft frage, ob es ihm nicht peinlich ist, mir das so stolz vorzusetzen. Wortwörtlich wurden meine Sätze kopiert, von der Idee mal ganz abgesehen.
Ich beende meine Mittagspause schneller als gedacht und fühle mich in meinem miesen Tag bestätigt. Zum Glück empfängt mich eine Kollegin mit offenen Armen und drückt mich. Gemeinsam gehen wir auf den Balkon und scherzen rum, dass man sich manchmal den Frust von der Seele schreien muss. Es wird nicht lange gefackelt, wir halten uns am Geländer und an den Händen fest und fangen an zu schreien. Aus ganzem Herzen. Das Ganze endet in einem Lachanfall und ich fühle mich herrlich befreit. Danach beschließe ich spontan, den Tag zu beenden. Ich packe meine Sachen, schlendere nach Hause und als hinter mir die Wohnungstür zufällt, bin ich erleichtert und freue mich auf einen ruhigen Ausklang.

❀ Schrei dir zusammen mit jemandem den Frust von der Seele. Nehmt euch in den Arm und lacht darüber.

NEUES LEBEN

Die Umzugskartons stapeln sich gefühlt bis unter die Decke und das dritte Wochenende in Folge werkele ich zusammen mit Freunden und Familie in meiner neuen Wohnung rum. Rödeln, renovieren, reparieren – die Musik ist laut aufgedreht, während wir beginnen, Quatsch zu machen. Einer reitet auf dem Besen, der Nächste spielt auf der Wasserwaage Luftgitarre, eine andere bindet sich ganz nach Pippi Langstrumpf die Bürsten unter die Füße, um zu tanzen. Was würde ich ohne diesen verrückten Haufen nur machen? Ein Motto meines Vaters lautet »Viele Hände, schnelles Ende« und all das hätte ich ohne diese lieben Menschen nicht geschafft. Sie haben mir bereits so viel Zeit und Energie geschenkt, wofür ich ganz besonders in diesem übermütigen Augenblick unendlich dankbar bin. In diesem kurzen Moment des Innehaltens fühle ich mich als außenstehender Beobachter dieses liebenswürdigen Irrenhauses. Wir alle sind voller Farbspritzer, Staub und Sägespäne und basteln gemeinsam an meinem neuen Heim. Ich freue mich auf mein neues Leben – mit meinen alten Leuten.

🪩 Hilf jemandem, ohne eine Gegenleistung zu erwarten.

ÜBER ALLE BERGE

Es ist mitten in der Nacht, als wir zu der großen Wanderung aufbrechen. Mit Kopflampen bahnen wir uns den Weg durch das Dickicht, der Rucksack drückt auf den Rücken, die Augen sind müde und auch die Beine wollen noch nicht so ganz wach werden. Aber es ist der Morgen vor unserem Aufstieg zum weltbekannten Machu Picchu und wir möchten noch vor Sonnenaufgang oben sein. Als wir am Fuße des Berges ankommen, ich meinen Kopf in den Nacken lege und in der Dämmerung den Weg sehe, der uns bevorsteht, frage ich mich ernsthaft, warum ich das hier mache. Noch nie war ich sportlich unterwegs, meine Kondition gleicht der eines in Milch getunkten Weißbrots und ich weiß nicht, wo ich meine Motivation hernehmen soll. Als ob er es gehört hätte, steht plötzlich ein Hund neben mir. Er kommt aus dem Nichts, irgendwo aus dem Wald und gesellt sich zu unserer Clique. Er wird mein Begleiter, der mir die nächsten Stunden keinen Meter von der Seite weicht. Stufe um Stufe und Schritt für Schritt läuft er mit mir. Er wartet geduldig, wenn ich eine Pause einlegen muss, um Luft zu holen. Er springt mit, wenn ich vorauseile. Er ist meine Motivation. Mit ihm macht einer der anstrengendsten Aufstiege meines Lebens Spaß. Nach einigen Stunden kommen wir oben an und ich sitze mit roten Backen da, keuche vor mich hin und packe erst einmal meine Pausenbrote aus. Als Dank für die liebevolle Begleitung bekommt er natürlich eines davon. Ab diesem Augenblick sehe ich ihn nicht wieder. Er ist wohl wieder auf dem Weg nach unten, um den nächsten Touristen in Hoffnung auf eine Vesper nach oben zu begleiten. Für einen kurzen Moment fühle ich mich ausgenutzt, aber dann realisiere ich, dass er es war, den ich gebraucht habe, um diese Herausforderung zu schaffen. Geben und nehmen!

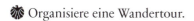 Organisiere eine Wandertour.

ABEND DER FÜLLE

Als ich in den 60er Jahren im geteilten Berlin Kind war, gab es manches nicht so reichlich wie heute. Und besonders materielle Güter waren in meiner Familie eher selten vorhanden. Als Kontrast zu dieser an vielen Stellen im Alltag erlebten Begrenzung erlebte ich einen Tag im Jahr gänzlich anders. Denn an Silvester gab es immer etwas ganz Besonderes. Das war einfach großartig und fühlte sich fantastisch an. Meine Mutter bestellte beim Bäcker nebenan Pfannkuchen, wie wir damals die Berliner nannten. Und sie kaufte nicht für jedes Familienmitglied einen – das wären dann fünf Stück gewesen – nein, sie bestellte 50 Stück. Oft durfte ich diese beim Bäcker abholen und kam dann mit einem großen Tortenkarton voller Berliner zurück. Dieser große Haufen durfte am Silvesterabend aufgegessen werden – was bei der Menge natürlich nie geschah. Es blieben immer welche für den Neujahrstag übrig. Silvester war der Abend der Fülle für mich. Als Kind so viele dieser leckeren Backwaren essen zu dürfen wie ich wollte, war das reine Paradies. Nie werde ich dieses Glücksgefühl vergessen, das uns unsere Mutter jedes Jahr durch diese Großzügigkeit bereitete.

– Ulrike Dauenhauer

🪷 Iss heute nur, worauf du Lust hast. Iss so viel du möchtest.

SCHÖNE ZEITVERSCHWENDUNG

Ein Teilnehmer eines Workshops hatte eine sehr bewegende Erkenntnis. Er merkte, dass er seinen Selbstwert nur durch seinen beruflichen Erfolg definierte. Er wollte wieder lernen, etwas vermeintlich Unnützes zu tun, sich zu langweilen und Hobbys nachzugehen, die nichts mit dem Beruflichen zu tun haben. Ich fühlte mich ertappt. Wie es bei jedem Workshop so ist, lerne auch ich jedes Mal dazu und so war dies nun meine Lektion, die ich mit nach Hause nahm. Alte Leidenschaften wiederentdecken, auch wenn sie auf den ersten Blick Zeitverschwendung zu sein scheinen. Als Kind habe ich unglaublich gerne gebastelt und gemalt. Nicht umsonst habe ich »Malen und Basteln« studiert, wie man Kommunikationsdesign manchmal aus Spaß nennt. Im Laufe der Zeit habe ich die Lust daran verloren, das auch in meiner Freizeit zu machen, weil es zu meinem Beruf geworden war. Das hat sich nun geändert, da ich meinen Beruf neu erfunden habe. Also versuche ich erneut, meine Lust am Malen zu entdecken. Ich packe meine alten Utensilien aus. Meine Finger gleiten über die raue Oberfläche der Leinwand und der Duft der kleinen Farbtuben erinnert mich an alte Zeiten. Ich liebe den Geruch von Terpentin, der noch ganz leicht im alten Hemd meines Vaters hängt, das wie immer als Malkittel dient. Da knie ich nun mitten im Zimmer. Die Musik läuft und ich habe so herrlich keine Ahnung, was ich male und lasse mich treiben. Genau das fällt mir schwer: Keinen Plan haben und nicht zu wissen, was dabei herauskommt. Meist bin ich zu ungeduldig. Aber ich kann es doch noch. Ich pinsele drauflos und lasse mich von den Ölfarben inspirieren. Wie lange ich da sitze, weiß ich nicht. Am Ende entsteht ein Farbenspiel, das meine freie Zeit, meine Langeweile und einen riesigen Spaß symbolisiert. Die Malsachen packe ich vorerst nicht mehr in den Keller. Herzlich willkommen zurück!

🪷 Geh einem Hobby nach, das du als Kind hattest.

FRÜHLINGSDUFT

Draußen ist es noch frisch, auch wenn sich die Sonne in diesen Tagen immer öfter blicken lässt und einem die Hoffnung schenkt, dass der Winter vielleicht doch noch ein Ende nimmt. Wenn man morgens das Haus verlässt, liegt der nahende Frühling irgendwie schon in der Luft. Ungeduldig zählt man die Tage, bis es endlich wärmer wird. Und ab und zu kann man es einfach nicht mehr abwarten und möchte diese Zeit verkürzen. Dann gehe ich meist zu meinem Lieblingsblumenladen um die Ecke. Die kleine ältere Dame, die dort bedient, kennt jeden Kunden beim Namen und bindet in aller Seelenruhe die Blumensträußchen zusammen. Es ist jedes Mal ein Mini-Urlaub, diesen kleinen Laden zu betreten und den Duft der verschiedenen Blumensorten zu riechen. Mit einem dicken Strauß bunter Tulpen verlasse ich strahlend das Geschäft. Die Dame wünscht mir beim Rausgehen noch einen schönen Tag, das Glöckchen über der Tür läutet fröhlich und ich bin schon auf dem Sprung. Meine Nase steckt tief in dem blühenden Strauß. Der Himmel kann in diesem Moment noch so grau sein, ich weiß, dass er bald kommt. Der Frühling.

🐚 Schenk dir selbst Blumen.

TRAURIGE FREUDE

Seit Wochen geht es drunter und drüber und die ganze Familie macht sich große Sorgen um meine Großmutter. Sie ist weit über 90 und liegt im Sterben. Es ist eine turbulente und sehr emotionale Zeit. Einen Tag nach Weihnachten werden wir frühmorgens angerufen, es ist so weit. Ich schnappe meine Mutter, packe sie ins Auto und wir düsen los. Wir rasen über die kahlen Felder, ohne ein Wort zu sprechen, unsere Gedanken verlieren sich im grauen Himmel. Als wir ankommen, ist sie bereits gegangen. Sie sieht so ruhig und zufrieden aus wie nie. Seit Jahren wollte sie schon gehen, sie sagte immer, dass sie meinen Opa so sehr vermisse und zu ihm wolle. Der Tag ist lang und abstrakt. Ich nehme alles irgendwie durch einen Schleier wahr. Alle sind unruhig und unterwegs, um Dinge zu regeln, und ich finde den Augenblick, mich an ihr Bett zu setzen. Ich schließe die Tür und schaue aus den weit geöffneten Fenstern, es ist ein milder und stürmischer Wintertag, irgendwie passend zur Stimmung. Ihre Hand ist so weich wie eh und je, ich liebte es immer, sie zu streicheln. Gerade als ich sie festhalte, ihr friedlich schlafendes Gesicht ansehe und alles noch gar nicht fassen kann, kommt der Wind zu uns herein. Er wirbelt umher, streift unsere Haare, reißt die langen Gardinen mit nach draußen und bringt meine Gedanken durcheinander. Ich habe eine Gänsehaut und muss plötzlich lächeln. Da war er und hat sie abgeholt. Sie macht sich nun auf den Weg. Ich fühle mich erleichtert, als ich das letzte Mal ihre Hand küsse und das Zimmer verlasse, denn ich freue mich von ganzem Herzen für sie.

🐚 Freu dich ehrlich und von ganzem Herzen für andere.

AUF DEN SPUREN VON WINNETOU

Ich gebe es zu, als Kind habe ich nicht sehr viel gelesen. Das Leben war viel zu spannend, als dass ich Lust gehabt hätte, es mir erst mühsam zu erlesen. Ich wollte es sofort erleben, sinnlich, im Hier und Jetzt. So kam es, dass eher schmale Kost auf meinem Nachttisch lag. Dazwischen das eine oder andere Karl-May-Buch. Doch auch Winnetou fand ich viel spannender im echten Leben: Reitend auf den Ponys beim Nachbarn und herumstöbernd in den umliegenden Gärten. Eines Tages nahmen mich meine Eltern mit zu den Karl-May-Festspielen. Dieses unmittelbare Erleben war so richtig nach meinem Geschmack! Doch im Laufe der Zeit verschwand die Erinnerung in meinem Gehirn, wo sie in einen tiefen Dornröschenschlaf fiel. Fast 40 Jahre später befinden wir uns wieder in jener Freilichtarena. Dieses Mal sitzen meine Kinder neben mir. Und plötzlich ist alles wie früher! Ich scheue mich etwas, meine aufkommende Begeisterung zum Ausdruck zu bringen, da ich davon ausgehe, dass sie das Ergebnis kindlicher Unbekümmertheit von damals ist, bedingt auch durch eine verzerrte Erinnerung. Aber je näher der Beginn rückt, desto weniger lässt es sich verheimlichen: Es fühlt sich großartig an! Die Kinder sind ebenfalls absolut begeistert und gespannt wie Flitzebögen. Die Musik beginnt und Winnetou und Old Shatterhand reiten in die Arena. Gänsehaut pur! Der Rest ist nur noch Rausch. Das Beste aber ist, dass meine Kinder in den gleichen Rausch verfallen. Wir sind bereit, die Welt zu retten und das Abenteuer zu beginnen. Pures Glück. Winnetou wird zum ständigen Begleiter unserer Familie. Diese kindliche Begeisterung, die sich über Generationen hält, die von so viel Vertrautheit und Verbundenheit zeugt, dazu so unmittelbar und sinnlich erlebt wird, hat etwas zeitlos »Heiliges« und sehr Glückliches für mich.

– Prof. Tobias Esch (Neurobiologe und Professor für Integrative Gesundheitsförderung)

🐚 Mach einen Ausflug mit deiner Familie und erlebe gemeinsame Abenteuer mit ihr.

SCHLAGARTIG RUHIG

Wenn es mal wieder drunter und drüber geht, setze ich mich manchmal einfach still hin. Es ist keine bewusste Meditation, ich möchte dann einfach nur sitzen. Die Augen sind geschlossen, der Atem weitestgehend ruhig. Ich lege zwei Finger auf mein Handgelenk und suche die richtige Stelle. Da ist er, mein Puls. Ganz leicht drückt er immer wieder gegen meine Fingerspitzen und ich spüre mein Blut fließen. Dieses regelmäßige Pulsieren beruhigt mich bis in die Tiefe und ich merke, dass es nicht viel braucht, um runterzukommen. Ich höre mir selbst zu – Herzschlag für Herzschlag.

🐚 Fühl deinen eigenen Puls und komm zur Ruhe.

KEINE HOSE, KEIN PROBLEM

Das Erste, was ich mache, wenn ich Feierabend habe und nach Hause komme, ist, mich umzuziehen. Handy weg, Schlüssel ablegen, Tasche in die eine Ecke, Jacke in die andere. Ich komme ins Badezimmer und da wartet meine einzigartige Gammelhose schon auf mich. Etwas mitgenommen sieht sie aus von all den Jahren heimischer Trödelei, aber für mich ist sie wunderschön und sonst sieht mich ja auch fast niemand darin. Außer der Nachbar, der Postbote, mein Mann – ich zucke mit den Schultern, weil es mir herzlich egal ist, wie ich darin aussehe – ich fühle mich einfach toll. Gibt es wirklich Leute, die zu Hause in Jeans rumlaufen? Das kann ich nicht verstehen, sie sind eng und man kann definitiv nicht darin rumfläzen. Ich brauche die absolut bequeme Freiheit gepaart mit Omas Stricksocken. Und wenn ich dann so vor mich hinschlurfe, pfeift zumindest mein Mann mir hinterher.

🐚 Feiere dein Jogginghosenoutfit.

WIE DU MIR, SO ICH DIR?

Gleich ist mein Termin bei der Bank und ich bin mal wieder auf den letzten Drücker unterwegs. Ich lerne es einfach nie, mal fünf Minuten früher loszugehen, um nicht hetzen zu müssen. Ich stelle hektisch mein Rad vor dem Eingang ab und düse hinein. Dabei renne ich fast einen älteren Herrn über den Haufen, der sich gerade durch die Drehtür schiebt. Ich entschuldige mich für mein Ungestüm und werde sogleich mit den wildesten Schimpfwörtern überhäuft. Er gestikuliert wie wild mit seinem Stock und zetert so laut, dass die Leute um uns herum schon schräg schauen. Ich bin mit der Situation leicht überfordert. Atmen. Also hole ich tief Luft und nehme mich der Sache an. Ruhig drehe ich mich zu ihm um und rede mit ihm. Mit klarer Stimme erkläre ich ihm, dass ich mich beeilen muss, weil ich gleich einen Termin habe und dass es nicht böse gemeint war. Keine Chance, ihn zu besänftigen. Mittlerweile empört er sich darüber, wie schräg mein Fahrrad da steht, welch ungezogenes Gör ich sei – seine Stimme zittert und bricht. So langsam bin ich am Ende meines Lateins. Ich lege ihm eine Hand auf die Schulter und sage: »Alles ist in Ordnung. Nun gehen Sie in Ruhe nach Hause und machen sich keine Sorgen.« Es fällt mir schwer, denn so langsam werde ich auch sauer, mich so maßlos beschimpfen zu lassen. Er will mir nicht zuhören und läuft laut murrend davon. Dann kann ich ihm auch nicht helfen. Am Bankschalter begegnen mir verständnisvolle Blicke und die Damen verraten mir, dass seine Frau gerade verstorben sei und er noch sehr durch den Wind ist. Ich bin sehr froh, ihm nicht genauso begegnet zu sein wie er mir, das hätte ihn sicherlich noch trauriger gemacht …

🐚 Wenn dir jemand querkommt, reagiere ruhig und gelassen.

LEBENSLUST

Als Antoine de Saint-Exupéry aus 4000 Metern Höhe mit seinem Flugzeug abgestürzt war und überlebte, schrieb er in sein Tagebuch einen schönen Satz: »Eigentlich ist es auch ein Erlebnis, nicht tot zu sein.« Sein Sturzflug war ins Bodenlose gegangen. Er glaubte, eine Tragfläche sei abgebrochen. Die Felder unter ihm hielt er schon für sein Grab. Er fühlte sich ganz weiß werden, erzählt er, blank vor Angst.

Auf unerklärliche Weise fand sein Flugzeug die Stabilität wieder. Kein Flügel fehlte. Aber die Erkenntnis blieb: das Glück, nicht tot zu sein.

Ich bin kein Pilot. Ich weiß nicht, ob ich froh sein soll oder traurig, dass es in meinem Leben keine solchen lebensgefährlichen Situationen gibt. Ich lebe nicht so nah am tödlichen Rand des Lebens, sondern mehr in der Mitte. Aber dann, so denke ich mir, reicht es vielleicht, wenn ich von solchen Menschen am Rand lese. Und ihren Erfahrungen glaube.

Manchmal spüre ich es auch: dieses Glück, am Leben zu sein. Dann freue ich mich, dass ich lebe und älter werde. Der alte Maurice Chevalier hat es sehr präzise auf den Punkt gebracht: »Älterwerden ist gar nicht so schlecht, wenn man die Alternative bedenkt.«

– Werner Tiki Küstenmacher (Karikaturist und Autor von unter anderem *Simplify your life*)

🐚 Denk an eine brenzlige Situation, die du überstanden hast, und freu dich über die Menschen, mit denen du noch zusammen sein darfst.

PARTY DER SINNE

Ein quirliges Treiben auf dem Marktplatz begrüßt den nebelverhangenen Samstag. Überall stehen große Schirme und das Obst und Gemüse ist liebevoll auf den alten Holzständen drapiert. Der Duft von frischem Brot wabert mir entgegen, als ich mich zum Wocheneinkauf aufmache. Ich schaue in all die energiegeladenen Gesichter hinter den Marktständen, wie begeistert sie bei der Arbeit sind und ihre Ware mit einer unglaublichen Hingabe verkaufen. Die roten Bäckchen strahlen mich an. Mit dem Kopfsteinpflaster unter den Sohlen fülle ich von Stand zu Stand meinen Bastkorb, der an meinem Arm hin und her wippt. Hier ein Schwätzchen, dort ein Witz, es macht Spaß, das bunte Chaos zu beobachten. Der Korb füllt sich mit Schafskäse, getrockneten Datteln, einem Strauch Tomaten, ein bisschen Petersilie und einem großen Strauß Margeriten. Es ist jedes Mal wieder ein Erlebnis, auf den Wochenmarkt zu kommen – eine wahre Party der Sinne mit leckerem Nachgeschmack.

🐚 Geh mal wieder auf einen Wochenmarkt und kauf dort ein.

KLACKERNDE VORFREUDE

Manchmal sind simple Geräusche des Alltags reine Glücksmomente. Zum Beispiel wenn ich das Klackern der Räder eines Koffers auf dem Boden höre. Viele Menschen mögen dieses Geräusch vielleicht mit Stress und Anspannung verbinden, für sie bedeutet es Anstrengung, Angst, ob alles mit ihrer geplanten Reise klappt, oder auch Ermüdung. Für mich symbolisiert es Vorfreude auf das, was mich erwartet, es ist verbunden mit Neugier und ein freudiges Kribbeln im Bauch kommt auf.

Aber nicht nur auf dem Hin-, sondern auch auf dem Rückweg ist dieses Geräusch schön: Da bin ich voll mit neuen Eindrücken und freue mich darauf, diese mit meinen Lieben zu teilen, die zu Hause auf mich warten.

Die Welt entdecken zu dürfen, ist für mich das Schönste, was es gibt. Ob es eine Reise in ein fernes Land ist, mit fremden Kulturen, Sprachen und viel Unbekanntem, oder nur ein kurzer Trip zu Freunden, Familie oder an meinen Geburtsort: Reisen ist für mich das pure Glück. Und dabei werde ich von diesem wunderschönen Geräusch begleitet.

Darum durchfährt mich immer, wenn ich es höre, dieses positive Kribbeln, selbst wenn es ein fremdes Klackern ist. Denn dann gibt es einen anderen Menschen, für den ich mich freuen kann, dass er vielleicht auch Flugzeuge im Bauch hat.

– Sandra Sobol

🐚 Pack deinen Koffer und geh auf Reisen.

SCHLAF, KINDLEIN, SCHLAF

Manchmal freut man sich während des Tages schon darauf, abends endlich ins Bett zu gehen. Gar nicht mal, weil man besonders müde ist, sondern weil man einfach richtig Lust auf Schlafen hat. Ich kann Leute verstehen, die sagen, dass Schlafen ihr Hobby ist. Es gibt Phasen, da macht es mal weniger Spaß, weil man besonders viel Stress hat, Gedanken und Sorgen den Kopf verstopfen oder man körperlich unruhig ist. Aber es gibt eben auch Phasen, in denen es wunderbar klappt und man sich nichts Schöneres vorstellen kann, als sich endlich in die Federn zu werfen. Kopf aus, Traumwelt an. Es gibt Zeiten, da freue ich mich auf meine Träume wie auf einen spannenden Kinofilm. Was heute Nacht wohl wieder los sein wird? Ich lasse mich von mir selbst überraschen. Und wenn es dann mal ein schlechter Traum ist und ich aufschrecke, dann ist es ein tolles Gefühl zu merken, dass ich gerade im warmen Bett liege und mich an eine weiche Schulter kuscheln kann. An freien Tagen kommt der Wecker in die Schublade, sodass man Raum und Zeit vergessen und so lange in den Tag hineinschlafen kann, wie man möchte. Flach wie eine Flunder einfach liegen zu bleiben, ist der schönste Luxus, den man sich gönnen kann. Und wenn Kinder, Hund oder Termine ungeduldig warten, gibt es ja immer noch das Federkissen, unter dem man sich hervorragend verstecken kann. Darunter ist man nämlich unsichtbar und kann unbemerkt für immer weiter schlafen.

🐚 Schlaf mal wieder so richtig aus.

NACH IHNEN

Mein Einkaufskorb quillt über und ich spiele wie so oft eine Mischung aus Tetris und Mikado. Es passt perfekt hinein, aber wenn sich irgendetwas bewegt, fällt alles raus. Der nächste Workshop steht an und ich decke mich mit Süßigkeiten, Obst und Deko ein, um den Teilnehmern wieder die ein oder andere glückliche Überraschung zu bescheren.

Irgendwie schaffe ich es mit meinem Haufen zur Kasse und gerade als ich tief Luft hole, um alle Sachen auf das Band zu legen, taucht hinter mir eine Gruppe Jugendlicher auf. Große Pause steht an und sie holen sich im Supermarkt etwas zu futtern. Ein bisschen tun sie mir leid und ich erinnere mich an meine von meiner Mutter liebevoll geschmierten Brotstullen, die ich jeden Tag mit in die Schule nahm. Sie stehen ganz brav hinter mir mit ihrer Kekstüte, dem Buttermilchgetränk und den Bananen. Ich schaue sie an und bitte die Jungs doch vorzugehen, bevor ich meinen »Kindergeburtstag« starte und ich schiele auf den Süßigkeitenberg, der darauf wartet, auf das Band zu kommen. Sie lachen und schleichen sich verlegen vor mich. Schnell sind sie fertig und bedanken sich nochmals, beim Davonhuschen höre ich einen von ihnen noch sagen: »Das war aber nett von der Dame.« Dame – mein Lächeln erstarrt schlagartig. Das entdeckt die Kassiererin und muntert mich lachend wieder auf. Beim Rausgehen gönne ich mir nach dem Schreck erst einmal einen großen Schokoriegel.

🐚 Lass an der Kasse einfach so jemanden vor.

FREIE ZEIT

Genügend Zeit haben – die Freiheit besitzen, ohne fest vorgeschriebenen Plan in den Tag hineinzuleben. Lange ausschlafen, nicht vom Wecker, sondern von alleine wach werden. Im Frühling das erste Mal ohne Jacke rausgehen und Zeit für einen Spaziergang haben – einfach so. Fast schon ein schlechtes Gewissen entwickelt man dann oft, weil man dieses wertvolle Gefühl »Zeit zu haben«

gar nicht mehr richtig kennt, geprägt vom sonst so stressigen Alltag. Viel zu selten nimmt man sich doch eben genau diese Zeit für die wirklich bedeutsamen Dinge. Manchmal sage ich mir zum Glück selbst: Ach, mir doch egal, ob die Wohnung perfekt geputzt ist oder nicht – telefonieren mit Freundinnen, Schwestern, Brüdern oder Papa ist jetzt einfach wichtig. Ohne an die Arbeit am nächsten Tag zu denken, beisammen zu sitzen mit guten Freunden und der Familie. Wenn ich Zeit habe, trinke ich ein Radler, strecke die Füße ins Planschbecken und bin einfach glücklich, den Moment genießen zu können. Genügend Zeit zu haben und mal ausnahmsweise nicht verplant zu sein, ohne Einträge im Kalender oder To-dos für den Tag. Ein herrliches Glücksgefühl. Manchmal muss man sich selbst dazu ermahnen, sich nicht zu viel vorzunehmen und mehr im Moment zu leben. Wer weiß schon, was morgen ist. Wobei – morgen habe ich einen Zahnarzttermin und muss zur Bank und … bin schon wieder verplant. Es ist Zeit, etwas abzusagen. Um glücklich zu sein.

– Nathalie Baumann

 Sag Termine ab und miste deinen Kalender aus.

(K)EINE TYPISCHE FAMILIENFEIER

Der Erdboden bebt, als er Anlauf nimmt, die Menge hält den Atem an und bricht im gleichen Augenblick in tosenden Applaus aus. Die Arschbombe sitzt und einer unserer besten Freunde landet samt Anzug im Pool. Alle nassgespritzten Gäste sind froh über die kurze Erfrischung. Das Glas in seiner Hand ist nun zur Hälfte gefüllt mit dem Wasser aus dem Becken. Das macht nichts und er nimmt einen großen Schluck, nachdem er es triumphierend in die Höhe gehalten hat. Um mit ihm anzustoßen, springt mein

Bruder im hohen Bogen hinterher. Das Spiel ist eröffnet. Die Musik wird aufgedreht, die Bäume wippen mit dem Bass und der beleuchtete Pool im Garten ist der Mittelpunkt allen Glücks, das in dieser Nacht, an diesem Ort seinen Höhepunkt erlebt. Es folgt ein Meer an Arschbomben, das Platschen des Wassers übertönt das Gelächter. Das Staunen, Schreien und Lachen der Gäste ist das schönste Geschenk. Mittlerweile sind mehr im Pool als draußen und die wenigen, die noch am Rand stehen und ihren Augen nicht trauen, sind ebenfalls schon ganz durchnässt. Überall lachende Menschen, Huckepack-Olympiaden und Wasserwettbewerbe. Es entsteht eine einzigartige Dynamik und irgendwann bin ich mittendrin. Mein Kleid klebt an mir wie eine zweite Haut, ich schmecke meine Wimperntusche und muss vor lauter Lachen weinen. Ich verschlucke mich an dem Wasser und bilde mir ein, dass es schon einen leichten Weißweingeschmack angenommen hat. Ich werde in die Luft geworfen und als ich mit einem lauten Platsch wieder lande, taucht mein Vater neben mir auf – zwischen Luftmatratzen, umherschwimmenden Flipflops und Sommerkleidern fallen wir uns in die Arme. Meine Tante, die vor wenigen Sekunden von meinem Bruder im Huckepack ins kühle Nass katapultiert wurde, stürmt auf uns zu und wir werden zu einem liebeslallenden und laut lachenden Haufen.

Das ist keine Hochzeitsfeier, das ist die Feier des Lebens. Von allen für alle und ganz gemeinsam.

🐚 Nimm jemanden Huckepack.

DIE DICKE FRAU

Sie war ziemlich füllig. Und das schon seit Jahren, in denen sie eifrig mit fast jedem Studenten abrechnete. Ihre Haare mit einem undefinierten Allerweltston lagen wirr in einem ungebändigten Haufen, ihre Hornbrille hatte sie an einer Kette um ihren Hals hängen. Jeder konnte sie bereits am Eingang hören, denn ihre Stimme war durchdringend, klar und satt. Jeder musste zweimal an der Dame vorbei – einmal beim Hereinkommen für die Schlange an der Essensausgabe in der Mensa, ein zweites Mal beim Bezahlen.

»5,45 Euro macht das genau, junger Mann.« Sie lächelte mich an und legte die Hände auf ihren Bauch. Ich kramte das Münzgeld passend aus dem Portemonnaie. »Na wunderbar, dann habe ich ja endlich wieder Kleingeld in der Kasse!« Sie lachte herzlich und schob die Kasse wieder zu. »Einen wunderschönen Tag wünsch' ich Ihnen noch!«

Ich ging ein paar Schritte weiter, legte mein Tablett in die Ablage, schüttelte den Kopf, atmete einmal tief durch, drehte um und ging zurück.

Ihr breiter Rücken ragte vor mir auf, ich tippte ihr auf die massige Schulter. Ihr Oberkörper zuckte kurz, dann drehte sie ihren Kopf zu mir.

»Wissen Sie was?«, fragte ich sie über die Schulter, während der nächste Student sein Essen bezahlen wollte. Ihre Augenbrauen hoben sich.

»Ich komme jetzt seit drei Jahren hierher und jedes Mal, wenn Sie hier kassierten, bin ich ein Stück glücklicher wieder gegangen. Danke für Ihre unendliche, herzliche Freundlichkeit.«

Sie hielt die Hand vor den Mund, doch die konnte ihren jetzt roten Kopf nicht verhüllen. Verschämt lächelnd stammelte sie ein Dankeschön in ihre Hand. Das warme Gefühl im Bauch gab mir Recht: Ich verließ die Mensa und nicht nur ich war froh, diese Worte an meinem letzten Tag als Student über die Lippen bekommen zu haben.

– Michael Tomoff (Experte für Positive Psychologie)

🌿 Bedank dich bei jemandem für seine Freundlichkeit.

PAUSENAUFSICHT

Die Augen sind zugekniffen und ein leichter Kopfschmerz schleicht sich schon den Nacken hoch. Das kann aber auch daran liegen, dass die Schultern ebenso angespannt sind, meine Wasserflasche noch jungfräulich neben mir steht und mein Laptop mehr Energie zu haben scheint als ich selbst. Home-Office hat definitiv auch seine Schattenseiten, denn wenn keine Kollegen um einen herumwuseln, die zum Tratschen und Kaffeetrinken verführen, dann bleibt man oft stundenlang wie angewurzelt vor dem Computer hocken, ohne es selbst zu merken. Ich bin sehr schlecht darin, Pausen zu machen. Oft wird nebenher ein bisschen was gefuttert oder die Mittagszeit auch einfach mal nur mit Schokolade überbrückt. Das hat sich geändert, seitdem eine kleine Dame in mein Leben getreten ist. Seitdem gibt es einmal die Stunde einen kleinen Stups von der Seite. Eine Pfote legt sich auf mein Bein, eine Hundeschnauze streift meine Hüfte, versetzt mit einem leichten, aber vehementen Nachdruck: »Hey, hallo! Mich gibt es auch noch.« Dann kann alles andere noch so dringend sein, kuscheln geht vor. Dank ihr mache ich wieder ganze Mittagspausen. So richtig mit rausgehen, laufen und Luft schnappen. Das tut uns beiden gut. Sie zeigt mir regelmäßig, was wirklich zählt – nur leider kann ich mich nicht so wie sie danach laut schnarchend auf den Rücken legen und ein Nickerchen machen. Das Handy brummt schon wieder. Aber ich kann mir sicher sein, dass ich heute noch ein paar Kuschelpäuschen machen werde.

🐚 Mach eine Pause an der frischen Luft und vertritt dir die Beine.

SCHNÜFFBACK

Die schwere, große Tür geht mit einem leisen Ächzen auf, jeden Tag empfängt sie Hunderte von tobenden Kindern, die in die alte Schule strömen. Es ist eine bunte Grundschule in meinem Viertel und ich sehe sie heute gefühlt zum ersten Mal. Schon lange fügt sie sich wie selbstverständlich ins Stadtbild, aber ich nehme sie kaum wahr, wenn ich durch den Bezirk düse.

Ich drücke die schöne Holztür auf und streife über die Maserung. Ein bisschen spät bin ich dran, gleich beginnt meine erste Stunde autogenes Training, das ich mir aus reiner Neugierde gönne.

Die große Uhr im Foyer tickt und ich müsste eigentlich schnell in den Kurs, aber ich bin gefesselt von meinem Geruchs-Flashback, von mir auch »Schnüffback« genannt: Es ist dieser Moment, in dem man wie angewurzelt stehen bleibt, weil man einen ganz bestimmten Hauch erwischt hat, der einen unmittelbar in eine andere Zeit versetzt. Mal ist es der Geruch von Opas Fahrradschuppen, das Parfüm der Nachhilfelehrerin oder der Bettbezug der ersten große Liebe, und dieses Mal ist es eben der gute, alte Geruch einer Schule.
Unverwechselbar und irgendwie auch universell. Eine Mischung aus Linoleumboden, Wachsmalstiften von all den Kunstwerken an der Wand und gebrauchten Turnbeuteln, die einsam und vergessen an der Garderobe warten. Und auch wenn ich alleine im riesigen Foyer stehe, kann ich die schreienden Kindermassen um mich herum hören, erinnere mich an das Läuten der Glocke und an all die leidenschaftlichen Gummitwist-Olympiaden auf dem Schulhof. Egal, was heute Abend noch kommt, für diesen Moment hat sich bereits alles gelohnt.

🏵 Besuch einen besonderen Ort, an dem du lange nicht warst.

GESCHÄFT MIT AUSSICHT

Auch wenn ich selbst gar nicht so gerne klettere, bin ich ein großer Freund der Berge. Seit meiner ersten Reise in den Himalaya bin ich einfach gefesselt vom Dach der Welt. Ob in Nepal, Tibet, Bhutan oder Indien, ich empfinde jedes Mal ganz große Gefühle, wenn ich in dieser einmaligen Gebirgswelt unterwegs bin. Und wie man sich vielleicht vorstellen kann, ist es dort dünn besiedelt, sodass man sein »Geschäft« mitten in der Natur verrichten darf. Für mich ein wahrer Glücksmoment. Kann es was Schöneres geben, als bei dieser täglichen Pflichtübung die atemberaubenden Gipfel unserer Mutter Erde zu betrachten? Tränen vor Glück kommen mir in solchen Momenten. Ich fühle mich klein und doch erhaben. Ganz ursprünglich, verbunden mit Himmel und Erde, mit dem Universum. Das tiefe Blau des Himmels und seinen endlosen Weiten, gezuckert mit bauschigen Wölkchen. Der scharfe Wind an den Pobacken, das Tröpfeln von Wasser auf den trockenen Boden. Alles steht still. Von weitem höre ich ein Echo klingen, von einer Ziege, die im Fels klettert. Vögel, die ihre Flügel schwingen oder einfach nur die Stille der weiten Hochtäler. Dankbarkeit kommt auf, dies für einen Bruchteil einer millionsten Einheit sehen und fühlen zu dürfen, Teil des großen Ganzen zu sein und es überhaupt begreifen zu können, welch Wunder der Natur ich erblicke. Ich schweife ab, komme zum Geschehen zurück und merke – Klopapier ist hier selbstverständlich fehl am Platz.

– Sirpa Mastall

Leb einige Tage in und mit der Natur.

ALL EIN

Mein Auslandsaufenthalt in Barcelona hat gerade erst begonnen. Nach einer ewigen Suche nach einem WG-Zimmer bei 37°C bin ich angekommen. Die Stadt fühlt sich richtig an. Sie hat großes Potenzial, mein neues Zuhause zu werden. Wie sich das warme Licht in den engen Gassen bricht, überall Straßenkünstler am Werk sind und die kleinen Plazas sich jeden Nachmittag mit wildem Leben füllen, fasziniert mich. Gerade am Anfang fehlen mir noch ein paar Kontakte, ich kann schließlich nicht jeden Tag mit meinen neuen Arbeitskollegen oder den paar Bekanntschaften aus der Sprachschule abhängen. Also lerne ich etwas, das ich vorher nicht kannte: alleine sein. Es ist ein Zustand, über den ich mir vorher nie Gedanken machte und wenn, dann war es eher abschreckend, zumindest keinesfalls wünschenswert. Aber fängt man einmal damit an, lernt man es zu lieben. Man lernt sich selbst neu kennen und ist mit sich und seinen Gedanken völlig eins. Besonders toll kann ich dies samstags in meinem Lieblingscafé ausleben. Sonnenbrille auf, Buch eingesteckt, Fotoapparat gezückt und los geht es Richtung Promenade. Kurz davor steige ich aus. Ohne jegliches Zeitgefühl schlendere ich mit vielen kleinen verwinkelten Umwegen zu dem kleinen Café, in dem man wunderbar in der Sonne sitzen kann. Um einen herum die wirbelnden Menschen, ich komme kaum dazu, meinen Kaffee zu schlürfen, so vertieft bin ich in all die Geschichten, die um mich herum tanzen. Ich beobachte die anderen genauso wie mich. Gedankenverloren rühre ich im cremigen Schaum und schlürfe den Zucker vom Löffel. Stunden später tingele ich wieder nach Hause, ohne auch nur irgendetwas getan zu haben, außer alleine im Café zu sitzen.

🐚 Setz dich allein in dein Lieblingscafé und beobachte deine Umgebung.

WETTRENNEN

Seit ewigen Stunden bin ich mit der Bahn unterwegs – nicht weil sie mal wieder Verspätung hat, sondern weil ich kreuz und quer

durch die Republik fahre, um an mehreren Veranstaltungen teilzunehmen. Ich freue mich, so viele neue Orte kennenzulernen und dass sich immer mehr Menschen für das Glück interessieren. Wenn ich im Zug unterwegs bin, nehme ich mir meist Arbeit mit. Laptop, Bücher, Zeitschriften sind immer mit dabei. Manchmal passiert es aber, dass ich zu all dem gar nicht komme, weil ich so intensiv damit beschäftigt bin, aus dem Fenster zu schauen und mich in den Landschaften zu verlieren. Ich sehe all die kleinen Häuschen mitten im Nirgendwo an mir vorbeifliegen, beobachte die Hobbygärtner im Vorbeirauschen oder werde im Bruchteil einer Sekunde Zeuge einer witzigen Situation. Am meisten liebe ich es aber, wenn es draußen regnet und ich meinen Kopf an die Scheibe lehnen kann. Dann wandert mein Blick von Regentropfen zu Regentropfen und ich versuche, ihrem wilden Wettrennen an der Fensterscheibe zu folgen. Wie hypnotisiert beobachte ich sie und bin fasziniert, wie sie sich immer wieder neu formen, zusammenschließen und neuen Anlauf nehmen, um weiter zu fliegen.

🏵 Beobachte das Wettrennen der Regentropfen an einer Fensterscheibe.

STILLE GESELLSCHAFT

Er war ein spracharmer Mensch gewesen. Ein Handwerker, ungebildet und psychisch schwer verletzt vom Krieg. Sehr oft hat er mir gesagt, dass er nicht über das sprechen könne, was er damals erlebt habe. Aber es sei so schrecklich gewesen, dass er jede Nacht seit 1943 davon träume. Es ist nun 20 Jahre her, dass er, mein Großvater, dement gestorben ist.

Es ist frühmorgens und ich bin gerade dabei, mich an die Arbeit zu machen, als ich plötzlich eine Nähe zu ihm empfinde, die ich, solange er noch lebte, nie empfunden hatte. Ich will nicht ausdrücken, dass er mich aus einer Anderswelt besucht. Doch seine Liebe ist plötzlich da. Sie erfüllt den ganzen Raum, sie umfasst mich so stark, dass ich weine vor Glück. In diesen Minuten drückt sich etwas von innen her aus, das dieser so duldsame, ruhige Mann in mir gesät hatte, das in mir gelebt hat und gewachsen ist. Ich vermag das Gefühl nicht von der Person, die es auslöste, zu trennen, also biete ich beiden, dem Gefühl und dem Großvater, an, sich in meinen Räumen niederzulassen und einfach zu bleiben, so lange sie möchten. Ich setze meine Arbeit fort und fühle mich gelöst in so guter Gesellschaft. Das Gefühl, die Manifestation des Großvaters, verflüchtigt sich im Laufe der folgenden Stunden allmählich. Das Glück aber, dass Opa und ich einander endlich so nahe gekommen sind, bleibt.

Und mir wird klar: Nicht nur die Zukunft ist ungewiss. Auch wie wir die Vergangenheit betrachten. Das kann sich immer wieder ändern. Es liegen große Chancen darin, unsere Beziehungen, unsere Gefühle für andere und die Gefühle der anderen dann und wann in einem neuen Licht zu betrachten. Vielleicht kann man dann sehen, dass mehr vorhanden war, als man dachte. So kann es gelingen, sich von falschen Vorstellungen zu lösen.

– Harald Friedl (Regisseur des Films *What Happiness Is*)

🪩 Reise in die Vergangenheit und lass vertraute Menschen in deinen Gedanken und Gefühlen aufleben.

BLAU MACHEN

Es ist Montagmorgen und eigentlich sollte ich. Aufstehen. Loslegen. Erledigen. Funktionieren. Ich müsste Dinge schaffen, Leute treffen,

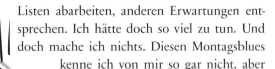

Listen abarbeiten, anderen Erwartungen entsprechen. Ich hätte doch so viel zu tun. Und doch mache ich nichts. Diesen Montagsblues kenne ich von mir so gar nicht, aber ich genieße es, absichtlich zu verschlafen. Planänderung. Ich drehe mich um und zeige der Welt rebellisch meine kalte Schulter, die warm eingekuschelt im Bett liegt. Andere denken, dass man muss – sollen sie doch schon mal machen. Ich klinke mich heute aus. Alle Meetings, Konferenzen und Calls dieser Erde können mir heute gestohlen bleiben. Denn ich klaue mir diesen Tag und schenke ihn mir. Und was passiert? Alles dreht sich weiter, auch wenn ich mal nicht auf Anhieb funktioniere. Diese Erkenntnis erleichtert mich. Mittags liege ich im Park, den Kopf ins Gras getaucht. Ich beobachte die Leute beim Pause machen, das Handy stets am Ohr. Müde lächelnd bin ich stolz auf mich, heute mein eigenes Leben geschwänzt zu haben.

🦪 Nimm dir einen Tag spontan frei und schenk ihn dir.

SONNENSCHAUER

Mittagspause. Schreibtischflucht. Ich habe nichts zu essen und hole mir etwas vom Bäcker. Auf dem Weg entschließe ich mich, draußen zu bleiben, da es einer der ersten Tage im Jahr ist, an dem man keine Jacke mehr braucht. Es ist ein Moment der absoluten Freiheit, wenn man plötzlich merkt, dass man sich nicht mehr mit mehreren Klamottenschichten vor der Kälte verbarrikadieren muss. Die Parkbank um die Ecke lacht mich an und da bleibe ich nun für die nächste halbe Stunde. Eine Weile sitzen und die Leute um mich herum beobachten ist genau das, was ich jetzt brauche. Und wie bestellt kommt in diesem Moment auch die

Sonne noch hinter den Schleierwolken hervor und begleitet mich. Meine Haut saugt die ersten Strahlen des Jahres auf, als sei sie kurz vor dem Verdursten, und ich strecke der Sonne mein Gesicht entgegen. Im gleichen Moment folgt ein wohliger Sonnenschauer, es ist eine Mischung aus Frösteln, Gänsehaut und dem Gefühl des Auftauens.

🐚 Setz dich auf eine Parkbank und atme tief durch.

FATA MORGANA

Die Nacht ist lang und wild. Seit Stunden tanzen wir im Club, die donnernde Musik lässt unsere Beine willenlos werden und ich merke gar nicht mehr, wie lange ich hier schon zappele. Meine Freundin kennt den Barkeeper, was uns zum Verhängnis wird. Kräuterschnaps aus Sektgläsern – ich wusste, das kann nicht gut enden. Als wir hinausstolpern und das erste Mal nach Stunden frische Luft atmen, realisieren wir erst, wie wackelig wir auf den Beinen sind. Der Heimweg ist lang und führt kreuz und quer durch die Straßen. Ich hatte nicht in Erinnerung, dass man so lange braucht, um nach Hause zu kommen. Aber an jeder Ecke entdecken wir Neues, kichern, bis unsere Bäuche wehtun, klappern vor Kälte mit den Zähnen und erstarren dann vor lauter Glückseligkeit. Wir kommen uns vor wie inmitten der Wüste, vor uns eine große Fata Morgana: CityDöner 24!

Unsere Rettung. Wir schleppen uns mit der letzten Kraft in diesen vermeintlichen Tempel, zu dem alle Discoleichen der Umgebung pilgern. Der fettige Geruch setzt sich auf uns nieder und ich habe mich noch nie in meinem Leben so sehr auf den ersten Bissen eines Döners gefreut. Gestärkt finden wir anschließend Arm in Arm doch noch nach Hause.

🐚 Genehmige dir mit Freunden einen Mitternachtssnack.

WOFÜR ARBEITEN WIR?

Als ich zum ersten Mal von Gina Schölers Idee zur Gründung eines »Ministeriums für Glück und Wohlbefinden« hörte, hielt ich das noch für eine witzige Idee. Automatisch öffneten sich gleich zwei Schubladen in meinem Gehirn.

Ein Ministerium kann man erstens nicht gründen und für ein glückliches und erfülltes Leben kann man auch kein Ministerium verantwortlich machen.

Das stimmt zwar beides, aber es gibt noch ein Drittes, und darum geht es in dieser Initiative:

Den Blick dafür zu öffnen, dass es doch eigentlich das zentrale Anliegen aller »richtigen« Ministerien sein sollte, die Lebensbedingungen der Bürger so zu gestalten, dass es ihnen gutgeht, dass sie ihr Leben so einrichten können, wie sie es brauchen, um glücklich zu sein.

Ein Finanzministerium ist doch nicht für die Finanzen, ein Wirtschaftsministerium nicht für die Wirtschaft und ein Arbeitsministerium nicht für die Arbeit da, sondern für die Menschen. Deren Glück und Wohlbefinden müsste im Mittelpunkt all dessen stehen, was dort entschieden und geregelt wird. Dazu aber wären eine Rückbesinnung und die Suche nach einer Antwort auf die Fragen notwendig, wozu Menschen das Geld eingeführt haben, weshalb sie Produkte herstellen und Handel treiben und nicht zuletzt, weshalb sie eigentlich arbeiten.

Allzu leicht verliert man sich dabei in zirkulären Begründungen: Menschen arbeiten, um das Geld zu verdienen, was sie dann zum Kauf von Wirtschaftsgütern brauchen, um ihre Grundbedürfnisse zu stillen und ihr Leben möglichst angenehm und glücklich zu gestalten. Aber stimmt das wirklich? Meine Putzfrau hat mir vor einiger Zeit ein Lebkuchenherz geschenkt. Mit Zuckerguss stand darauf:

»Arbeit ist sichtbar gewordene Liebe.«

Es hängt über meinem Schreibtisch, aber sicher nicht über denen unserer Minister.

– Prof. Gerald Hüther (Neurobiologische Präventionsforschung und Vorstand der Akademie für Potentialentfaltung)

🐚 Überleg dir, was dich antreibt und wofür du arbeitest.

FREMDE WELTEN

Jahrelang habe ich in einem kleinen Programmkino gearbeitet. Große rote Sofas stehen in dem alten Saal, vorne auf der Bühne ein Klavier, ein Relikt aus alten Kinozeiten. Der Vorhang geht auf und die Leute tauchen regelmäßig in fremde Welten ein. Die verzauberten Gesichter nach den Filmen zu sehen, wenn sie sich aufgrund der überraschenden Helligkeit blinzelnd den Weg ins Foyer suchen, ist jedes Mal ein großer Genuss. Ich selbst finde es auch spannend, mich für kurze Zeit in andere Leben hineinzuversetzen, Leinwandabenteuer zu erleben und meiner Fantasie freien Lauf zu lassen, fernab von den eigenen Alltagsgeschichten. Ob alleine, zu zweit oder mit einer ganzen Clique, Kinoabende lohnen sich immer und ich gestehe – manchmal gehe ich sogar nur ins Kino, um ein gutes Jumbo-Popcorn-Alibi zu haben.

🐚 Lad jemanden zu einem Kinoabend ein.

EIN ROSAROTER TRAUM

Einmal im Jahr gibt es in meiner Heimatstadt einen kleinen Rummel. Es ist wohl mehr ein Dorffest, zumindest kommen Hinz und Kunz zusammen, um literweise Apfelwein zu trinken, einander nach Jahrzehnten wiederzusehen und irgendwie doch jedes Mal die gleichen Gespräche zu führen. Dorfgerüchte werden gestreut und die Leute haben herrlich viel Spaß am Sehen und Gesehenwerden. Für mich ist das eher nichts, zumindest gehe ich selten freiwillig hin, es sei denn, meine besten Freunde überreden mich, dort einen lustigen Abend zu haben. Eigentlich lasse ich mich doch jedes Mal darauf ein. Aber nicht unbedingt ihnen zuliebe. Sondern wegen der Zuckerwatte. Das verrate ich ihnen aber nicht. Es gibt nichts Besseres, als in einem rosaroten Berg Zuckerwatte zu versinken. Ein Haps nach dem anderen wandert in den Mund und verschwindet sogleich. Alles, was bleibt, ist der zuckersüße Geschmack – und die klebrigen Finger. Zudem eignet sich der Zuckerwatteberg hervorragend dazu, durch unauffälliges Verstecken unangenehmen Smalltalk-Bekanntschaften aus dem Weg zu gehen.

🪸 Erlaube dir eine kulinarische Sünde.

AUF DER JAGD

Manchmal fällt es mir ganz schön schwer, im Moment zu sein. Das Thema Achtsamkeit ist überall, aber es im Alltag wirklich zu leben, ist gar nicht so einfach. Ich bin auch ein recht ungeduldiger Mensch, der immer schnell auf den folgenden Moment wartet. Das ist bei negativen Dingen ja vielleicht von Vorteil, aber es fällt mir besonders bei positiven Erlebnissen auf. Ein Augenblick jagt den nächsten und ich bin die ganze Zeit damit beschäftigt, an dem jetzigen vorbei zu schielen, um bloß zu sehen, was als Nächstes kommt. Habe ich jetzt eigentlich total viel Spaß mit Freunden, weil sie bei uns zum Abendessen sind, ertappe ich mich dabei, wie ich mich schon auf den Sonntagsausflug freue. Sind wir dann im Wald, bin ich in Gedanken schon wieder bei etwas anderem. Manchmal umgeben mich so viele schöne Dinge und Momente, dass ich ganz hibbelig werde und schnell den nächsten erleben möchte. Dabei vergesse ich ab und zu, den jetzigen bewusst wahrzunehmen. Ganz besonders ausgeprägt ist dies auch beim Essen. Wir haben Stunden gekocht und viel Liebe hineingesteckt. Beim Naschen freue ich mich auf das ganze Menü. Sobald wir essen, bin ich in Gedanken schon oft beim Nachtisch – anstatt mir den gegenwärtigen Geschmack auf der Zunge zergehen zu lassen.

Schon Michel de Montaigne schrieb: »Wenn ich tanze, tanze ich; wenn ich schlafe, schlafe ich; wenn ich allein in einem schönen Garten spazieren gehe und meine Gedanken auf anderen Wegen ertappe, führe ich sie zu dem Garten zurück, zum Reiz der Einsamkeit und zu mir selbst.«

Jeder noch so winzige Moment, in dem ich mich selbst auf Abwegen ertappe, ist mir eine kleine Lehre der Achtsamkeit und ich habe mich zumindest schon mal auf den Weg gemacht.

🛡 Frag dich bei allem, was du tust, ob du in diesem Moment mit deinen Gedanken ganz dabei bist.

ENDORPHINTASTISCH

Jeden Tag überquere ich auf meinem Weg zur Arbeit die Brücke über den Neckar zu Fuß. Wieder ist es grau und kalt, so langsam habe ich vom Winter genug. Es ist nass, windig und ich will zügig ins Warme. Ich schaue zufällig zur Seite und die graue Wolkendecke ist gerade für einen winzigen Moment stellenweise löchrig. Die Sonne kommt hindurch, gerade so viel, dass man die einzelnen Strahlen erkennen kann – so wie Kinder sie malen. Dann plötzlich wird es durch eine größere Lücke für ein paar Sekunden sehr hell, wie durch das Licht am Ende eines Tunnels, nur dass die Sonne die ganze Umgebung und den Fluss in goldenes Morgenlicht taucht. Ebenso schnell ist es auch wieder vorüber. Das kurze Gefühl dieser umfassenden Schönheit jedoch bleibt und jagt mir einen wohligen Schauer durch den Körper. Ein kurzer Gänsehautmoment voller Endorphine in der freudigen Erwartung auf den bald kommenden Frühling und dem Gewahrsein, welche Lust und Freude am Leben die Jahreszeitenwechsel doch bringen. Solche Momente tragen ein demütiges Lächeln in mein Gesicht und das ist pures Glücklichsein, denn dann sind da ganz viel Raum, Ruhe und Zufriedenheit in mir.

– Hardy Reckling

🐚 Lass die Sonne rein und nimm das Licht auf.

KLEINER NEUANFANG

Manchmal muss es einfach raus – mal sind es Kleinigkeiten, die das Fass zum Überlaufen bringen, mal sind es aber auch schwere Schicksalsschläge, die uns zur Verzweiflung treiben, weil wir nicht wissen, wie es weitergehen soll. Oft sehe ich Menschen, die ihre Emotionen unterdrücken oder gar vergessen haben, sie wahrzunehmen. Das kann nicht gut sein, deshalb bin ich ein Freund davon, ihnen auch mal freien Lauf zu lassen. Und da gehört es dazu, dass man aus ganzem Herzen weinen darf. Tränen müssen nicht versteckt werden oder heimlich über die Wangen laufen. Es gibt keinen Grund, sie zu entschuldigen. Eine Schulter, die man nach Herzenslust durchnässen darf, ist eine große Hilfe. Der Körper bebt, die Gedanken sind schwer und das Herz verkrampft. Alles erstarrt in dem Moment, in dem man irgendwie keinen Ausweg aus dem Grau mehr sieht. Meist merke ich dann, dass ich beim Schluchzen ganz vergesse, zu atmen. Also atme ich tief ein. Die Luft durchströmt meine Lungen und augenblicklich löst sich alles. Es tut plötzlich nicht mehr ganz so weh. Ich atme aus, langsam, dem kleinen Neuanfang entgegen.

🐚 Hol tief Luft und atme langsam aus.

DAS WUNDERBARE IM ALLTÄGLICHEN

Auf der Straße treffe ich meine Nachbarn. Sie haben zwei kleine Kinder, die aussehen wie Michel aus Lönneberga und auch genau so frech grinsen, wenn sie mich entdecken. Der Kleine ruft mir immer schon begeistert den Namen meines Hundes entgegen, egal ob er dabei ist oder nicht. Wir schlagen die gleiche Richtung ein und so begleite ich sie ein paar Ecken. Ein Spaziergang mit Kindern ist eine völlig neue Erfahrung. Was man alles von ihnen lernen kann! Ganz vertieft in Themen, die die Welt bewegen, unterhalte ich mich mit dem Größeren, der gerade fünf Jahre alt geworden ist. Er erklärt mir euphorisch das Who is Who des Kindergartens und welche Abenteuer er mit seiner Nonna in Italien erlebt hat. Manchmal darf er sogar über Skype italienisches Fernsehen schauen, was ihn restlos begeistert. Er fragt mich, wie es mir geht. Meine Alltagsproblemchen scheinen im Vergleich zu all seinen Abenteuern absolut nichtig zu sein und ich wuschele ihm als Antwort nur über den Kopf. Was interessieren schon Steuererklärung, Kopfschmerzen und dass es zu Hause aussieht wie bei Hempels unter dem Sofa? Als wir gerade die Straße entlangschlendern, entdeckt der Kleinere eine Pfütze und ist kaum aufzuhalten. Er stoppt abrupt, geht in die Hocke und zeigt mit seinem kleinen Fingerchen begeistert auf die Wasseroberfläche. Wir hocken uns zu ihm und nun bestaunen wir alle zusammen diesen schillernden, kunterbunten Ölfleck in dieser Pfütze. An der nächsten Ecke muss ich leider abbiegen und muss noch lange darüber nachdenken, wie schön die kleinen Dinge doch sind und wie schade es ist, dass wir Erwachsenen so oft vor lauter Hektik daran vorbeirasen.

🐚 Geh spazieren und achte auf die kleinen Details am Wegrand.

HOFFNUNGSSCHIMMER

Die schwere Haustür geht auf und der erste Schritt hinaus auf die Straße jagt mir einen kleinen Schauer über den Rücken. Nebel weht mir ins Gesicht und mich fröstelt es. Es ist gerade dieser immer wieder mystische Übergang von der Nacht zum Tag und doch glaube ich, dass es heute nicht ganz hell werden wird, so wolkenverhangen und schwerfällig der Himmel aussieht. Ich habe keine Zeit und bin wie so oft auf dem Sprung. Ich wickele meinen Schal noch einmal herum und plötzlich spitze ich die Ohren. Was ich da gerade höre, ist ein kleiner Hoffnungsschimmer nach dem Winter. Eine Amsel singt voller Inbrunst ihr erstes Lied des Jahres. Da sitzt sie im Baum, ist kugelrund aufgeplustert und gibt sich alle Mühe, die Welt mit ihrem Gesang zu begeistern. Das schafft sie, zumindest bei mir. Ich stehe da, den Kopf im Nacken und höre mit geschlossenen Augen einfach zu. Ihr ist es herzlich egal, dass ich keine Zeit habe. Ihr scheint Zeit im Allgemeinen nichts zu bedeuten. Die kleine Amsel bringt mich etwas aus dem Konzept und als ich die Augen wieder aufmache, ist der Tag wirklich da und ich muss mich echt sputen, um meinen Zug noch zu bekommen.

🐚 Lausche dem Vogelgezwitscher.

DRAUSSEN IN DER STILLE

In meinen Jahresrückblicken ziehen sich stets als roter Faden die glücklichen Momente beim Kanufahren hindurch. Wenn ich Zeit in der Natur verbringe und das Kanu durch die glatte Fläche eines Sees gleitet – ich nur Enten, Fische, Insekten und die endlose Ruhe der Seenlandschaft wahrnehme, dann fällt der ganze Stress der Arbeitswochen von mir ab. Dazu bin ich meist schon ein Stück unterwegs, bis man die Autobahn nicht mehr hört, keine Fabrikschornsteine zu sehen sind oder keine Motorboote die Ruhe stören. Es sind unschätzbare Momente mit langanhaltender Wirkung für Körper und Seele. Einerseits braucht man nicht viel – ein geliehenes Kanu, eine Trinkflasche mit Wasser, ein wenig Käse und Brot und Obst fürs Picknick am Ufer. Andererseits braucht es aber doch Mitmenschen, die die Ruhe respektieren oder rücksichtsvoll ihren Müll wieder vom Rastplatz mitnehmen. Vor allem aber braucht es eine Fläche weitgehend unberührter Natur, groß genug, damit sie endlos scheint.

   Glückliche Momente gibt es viele – unvermutete persönliche Erlebnisse, die mit der Gesellschaft um uns herum nichts zu tun haben. Es gibt aber auch wertvolle Momente, die nur möglich sind, wenn unsere Gesellschaft dafür Raum lässt und ihn schützt. Da hat dann Lebensqualität erstaunlich wenig mit Geld oder Wirtschaftsleistung zu tun – oder eben gerade, auf andere Weise, doch.

– Dr. Gerhard Schick (MdB, Sprecher für Finanzpolitik, Fraktion Bündnis 90/Die Grünen)

🐚 Verbring einen Tag in der Natur. Geh radeln, wandern, Kanu fahren oder picknicken.

RAUFEN, RANGELN, RUMPELEI

Familienwochenende ist angesagt. Einmal im Jahr versuchen wir, in unserer Ursprungskonstellation ein ganzes Wochenende irgendwo in der Natur zu verbringen. Am besten ohne Handyempfang. Wir fahren immer ein Stück weit weg, damit niemand von uns in Versuchung kommt, doch noch einen Termin dazwischenzulegen. So haben wir richtig Zeit und Luft für uns. Wir quatschen, spielen, schwelgen in Erinnerungen und träumen von der Zukunft. Jedes Jahr lernt man sich ein Stückchen besser und neu kennen. Und jedes Mal ist es wieder schön, in die alte Kinderrolle zurückzuverfallen, mich bekochen zu lassen und mit meinem Bruder herumzublödeln. Wie auch früher treiben wir es dabei manchmal auf die Spitze und so trifft mich wie aus dem Nichts das Sofakissen am Kopf. Das lasse ich mir nicht gefallen und hole das große Federkissen. Wir raufen und rumpeln wie in guten, alten Zeiten der Geschwisterrangelei. Es ist klar, dass dabei etwas zu Bruch gehen muss – und so ist es dieses Mal eben eine kitschige Vase aus der Ferienwohnung. Als die Eltern uns reflexartig in die Schranken weisen, muss ich schmunzeln und freue mich auch ein bisschen darauf, die alte Kinderrolle Sonntagabend doch wieder abzugeben.

🐚 Mach mal wieder eine Kissenschlacht.

GRINSEKUSS

»Wir sollten uns dringend ein wenig küssen.« Das hat schon Janosch gesagt und es ist einer der weisesten Sätze, die ich je gehört habe. Generell vergisst man im Alltag viel zu oft, seinen Lieblingsmenschen ein Küsschen aufzudrücken. Dabei kostet es so herrlich gar nichts und man bekommt unendlich viel zurück. Der leichte Nachdruck, der einen Moment bleibt, lässt einen lächelnd zurück mit dem Wissen, lieb gehabt zu werden. Dieses wunderbare Gefühl lässt einen manchmal ein wenig lächeln. Wenn es dem anderen in diesem Moment genauso geht, ist dieser liebevolle Grinsekuss das Beste, was einem passieren kann.

🪩 Drück jemandem ein Küsschen auf.

ZWANGSPAUSE

Es ist ein ganz normaler Arbeitstag und ich plane in meinem Home-Office gerade die nächste ministeriale Aktion. In meiner Küche, wo das Ministerium täglich tagt, ist das reinste Chaos ausgebrochen. Das E-Mail-Postfach klingelt minütlich, der nächste Blogeintrag drängelt schon und nebenher beobachte ich, was in den sozialen Netzwerken abgeht. Heute scheint es, als könne ich nichts wirklich abarbeiten, weil von allen Seiten an mir gezerrt wird. Ich verzettele mich und möchte alle E-Mails gleichzeitig beantworten, denke mich zigmal in neue Themen hinein, schließe die Fenster, recherchiere und schon bin ich ein paar Gedanken weiter und wieder raus. Plötzlich erscheint dieses sich ewige drehende Rädchen, was jeden verrückt macht. Die Seite lädt nicht, so oft ich auch hektisch auf den Refresh-Button drücke. Meine letzte E-Mail – natürlich die wichtigste von allen – ist auch nicht rausgegangen. Ich werde nervös. Nichts geht mehr. Als sich an der Situation nach einer vorgezogenen Mittagspause nichts geändert hat, rufe ich beim Internetanbieter an. Das Gedudel der Warteschleife kann ich schon auswendig, als ich endlich eine menschliche Stimme höre. Die Sache ist schnell klar: technischer Fehler. Ich solle warten. Ja klar, nichts leichter als das. Aber was soll ich ändern, ich muss die Diagnose hinnehmen: Ich. Bin. Offline. Und ich bin mir fast sicher, dass ich es überleben kann. Nachdem ich ein paar E-Mails in Ruhe beantwortet und gespeichert habe, klappe ich die Kiste zu und mache für heute Schluss, mir ist die Lust vergangen. Ruhe kehrt ein. Und es fühlt sich gut an. Als mein Mann abends nach Hause kommt, scheint es wieder zu funktionieren. Habe ich gar nicht gemerkt. Ich ziehe den Stecker und verkünde stolz, dass wir nun öfter mal offline sein werden.

🐚 Sei mal einen Tag offline und nicht erreichbar.

SÜSSES LEBEN

Ich bin Anhängerin der Positiven Psychologie und bekennende Genießerin guter Schokolade. Psychologie und Schokolade vereinte bislang, dass sie negativ belegt waren. Das will ich ändern, denn ein guter Umgang mit uns selbst und ein positiver Blick auf das Leben sind Zukunftsentscheider.

Wäre es nicht großartig, wenn alles so leicht und angenehm wäre, wie Schokolade zu essen? Wenn wir Schokolade essen, wissen wir genau, was wir wollen. Wir handeln sofort, intuitiv und nicht irgendwann. Wir nehmen unser Wohlbefinden selbst in die Hand. Und Schokolade essen kann jeder. Wie oft machen wir uns das Leben im Alltag schwer: Wir haben viel zu hohe Ansprüche in allen Lebensbereichen und sind ständig mit unseren Gedanken woanders – ärgern uns über das, was gestern war, machen uns Sorgen über Dinge, die morgen sein könnten. So überanstrengen wir uns und wundern uns dann, dass wir erschöpft sind oder die Arbeit keinen Spaß mehr macht. Müssen wir uns beim Naschen motivieren, anstrengen, hoffen wir, es ist bald vorbei, sind wir danach völlig erschöpft? Wohl kaum.

Meine Thesen sind deshalb diese: Selbstfürsorge statt Stressverschleiß, Machen statt Meckern, Genuss statt Verzicht. Tun wir nicht länger so, als ob es uns gutginge, sondern sorgen wir ab sofort dafür, dass es uns gutgeht. Gönnen wir uns ein gutes Leben wie eine gute Schokolade.

– Dr. Ilona Bürgel (Psychologin, Autorin und Referentin für Wohlbefinden)

🐚 Genieß ein Stück Schokolade.

LUNCH IM ELSASS

Lange haben wir unsere Freunde aus Frankreich nicht gesehen. Es sind zwei liebenswerte Mitsechziger, die im Kopf jünger sind als wir selbst. Mitten in Vietnam haben wir sie kennen und lieben gelernt und sind seitdem unzertrennlich. Wenn mein Mann und ich mit den beiden Zeit verbringen, steht eben diese still. Wenn wir durch Kunstausstellungen ziehen, die Geschichte der Architektur kennen lernen, Kaffee trinken oder uns auf Wochenmärkten und an Käsetheken die Mägen vollschlagen, dann ist unsere Welt in Ordnung. Wir lernen so viel von ihnen und umgekehrt. Noch bis heute können sie ihr Glück kaum fassen, wie zwei junge Menschen mit ihnen befreundet sein können. Es ist wunderbar zu sehen, wie alterslos Freundschaft ist.

Gerade haben wir erfahren, dass sie ein paar Tage im Elsass verbringen, um Museen zu besuchen, von deren Themenbereichen ich nicht einmal wusste, dass man darüber eine Ausstellung machen kann. Wie man so vielseitig interessiert sein und alles in sich aufsaugen kann, finde ich immer wieder faszinierend. Neugierde nennt man das wohl.

Ich bekomme per Handy einen kleinen Gruß aus dem Elsass und mir fällt auf, wie nah das an der Grenze ist. Ich schaue meinen Mann an und wir denken das Gleiche. Eineinhalb Stunden später sitzen wir alle gemeinsam in einer kleinen Gaststätte irgendwo in Frankreich und während wir die Cuisine d'Alsace genießen, plaudern wir über Gott und die Welt. Bald geht es wieder Richtung Heimat und nur das gelbe Gingkoblatt, das wir bei der Verabschiedung von ihnen geschenkt bekamen, erinnert an diesen ganz besonderen Sonntagsausflug.

🜨 Verabrede dich spontan mit guten Freunden.

ZEIT FÜRS WESENTLICHE

In unserem hektischen Alltag, in dem man bereits nach dem Aufstehen direkt in virtuelle Welten abtaucht, sich noch vor der Morgentoilette darüber informiert, was irgendwo auf der Welt gerade los ist – in der man sich tagtäglich durch Hunderte von E-Mails und Informationen wühlt, Zeit in mehr oder weniger wichtigen Meetings verbringt und irgendwie immer unter Strom steht, alles immer total wichtig und dringend ist, da vergisst man oft, wie leicht es doch sein kann, seine eigenen kleinen Glücksmomente zu finden und zu erleben.

Wenn ich nach solchen Tagen voller Termine und Hektik abends gestresst nach Hause komme, mein Kopf schwirrt, mein Handy vibriert und meine Gedanken eigentlich schon wieder beim nächsten Projekt sind, dann freue ich mich auf meinen wahren kleinen Glücksmoment. Nämlich dann, wenn meine zweijährige Tochter mit ausgetreckten Armen, einem Lächeln im Gesicht und »Papaaaa!«-schreiend auf mich zurennt und mich umarmt. Ich vergesse dann alles um mich herum, alles scheint nichtig, nur das Hier und Jetzt zählt nun noch. Dann bin ich wie in einem Glückstunnel und egal, wie der Tag auch war, ab diesem Moment ist alles Negative vorbei – zumindest bis zum nächsten Schreien in der Nacht.

– Christian Salzmann

🜨 Schalte dein Handy bei Treffen mit Freunden und Familie aus und schenk ihnen deine volle Aufmerksamkeit.

EINE PORTION FEIERABEND

Mein Kopf schwirrt, als ich meinen Laptop zuklappe und das Büro verlasse. Ich atme tief ein und merke erst jetzt, dass ich mich den ganzen Tag nicht bewegt habe, meine Schultern schmerzen. Während ich nach Hause laufe, nehme ich plötzlich einen herrlichen Duft wahr, der mich aus meinem Gedankenstrudel reißt. Pommes! Die kleine Pommesbude an der Ecke fasziniert mich jedes Mal, weil sie so einen abstrakten Kontrast zu dem winzigen Wochenmarkt darstellt, der hier regelmäßig auf dem kleinen Platz stattfindet. Mir fällt auf, dass ich noch nie dort drin war, obwohl ich nur wenige Ecken weiter wohne. Mit einem riesigen Loch im Bauch und großen Augen betrete ich 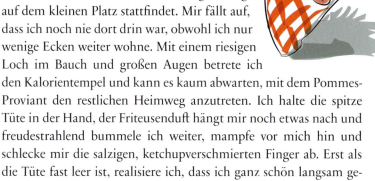 den Kalorientempel und kann es kaum abwarten, mit dem Pommes-Proviant den restlichen Heimweg anzutreten. Ich halte die spitze Tüte in der Hand, der Friteusenduft hängt mir noch etwas nach und freudestrahlend bummele ich weiter, mampfe vor mich hin und schlecke mir die salzigen, ketchupverschmierten Finger ab. Erst als die Tüte fast leer ist, realisiere ich, dass ich ganz schön langsam gelaufen sein muss – normalerweise brauche ich nur wenige Minuten, aber dank des genussvollen Schlenderns komme ich nun tiefenentspannt und satt zu Hause an.

🐚 Schlendere und lauf einfach mal langsamer.

FELDWEG 78

Jeden Morgen lege ich mich voll in die Kurve. Da, wo der Feldweg 78 in die Hobökentwiete mündet, ist unsere Lieblingsstelle. Mein Hund biegt scharf rechts ab aufs Feld, verbellt lautstark ein paar Krähen, wirbelt feuchte Erde unter den Pfoten auf, die Nase steil im Wind. Ich trete derweil kräftig in die Pedale, zwei Kurven noch,

dann sind wir am Ziel. Ich kann ihn schon sehen, den Hof am Ende der Straße. Das Gefühl im Bauch wird stärker: Vorfreude auf ihn. Sanfter Riese mit samtweichem Maul. Er erkennt mich schon am Schritt. Leises Wiehern, das zu einem gewaltigen Beben anschwillt, sobald ich seinen Namen rufe. Er weiß genau: Zwei Äpfel, zwei Möhren und an guten Tagen auch eine Banane warten in meiner linken Jackentasche auf ihn. Sein Schnuppern, Suchen und Schnappen ist zielstrebig. Erst wenn alles zermahlen und meine Hand ausgiebig abgeleckt ist, kann er sich entspannen. Dann schließt er die Augen, lehnt den großen Kopf auf meine Schulter und lässt sich hinter den Ohren kraulen. Warmer Pferdeatem. Wohliger Geruch. Mein Moment für die Ewigkeit. Ihn tief inhalieren und das Gefühl konservieren. Nun kann kommen, was will an diesem Tag. Diese versunkenen fünf Minuten im Stroh sind wie ein Energiekick und eine Morgenmeditation zugleich, meine persönliche Glücksimprägnierung, die mich gegen die Hektik des Alltags schützt. Wenn ich mich zu sehr darin verliere, es zu lange dauert mit der Kuschelei, knurrt mich mein Hund eifersüchtig von der Seite an. Mit dem Wiehern klappt es bei ihr noch nicht so recht. Aber sie arbeitet daran.

– Mareile Braun (Trainerin, Coach und Redaktionsleiterin von *emotion SLOW*, Magazin für Entschleunigung und nachhaltigen Genuss)

🌼 Leg dich ins Stroh und lass die Zeit still stehen.

SINNLICHER ABEND

Der Tisch ist reich gedeckt mit vielen verschiedenen Töpfen und Schüsseln. Die Farben der Gerichte verzaubern die Gäste und das neugierige Staunen hört gar nicht mehr auf. Wir haben uns den ganzen Tag in der Küche größte Mühe gegeben, um all die kulinarischen Leckereien aus unserem Sri-Lanka-Urlaub nachzukochen. Aus jedem Land nehmen wir regelmäßig Geheimrezepte mit, um sie zu Hause nachzukochen – vorausgesetzt wir finden all die exotischen Zutaten und Gewürze. Es ist jedes Mal wieder ein großes Abenteuer und die schönste Art und Weise, die vergangene Reise Revue passieren zu lassen. Stundenlang köcheln wir vor uns hin, atmen den Duft der Ferne ein und lassen unsere Nachbarn mit Musik und Duft an unserer Zeitreise teilhaben. Abends sitzen unsere Freunde im Wohnzimmer. Eine wunderbare lange Tafel mit vielen fröhlichen Gesichtern. Das ist das Leben. Freunden im eigenen Heim etwas Gutes zu tun, ist Lebensfreude pur. Wir tischen ein Gericht nach dem anderen auf und erklären voller Euphorie, was es genau ist, welche Zutaten verarbeitet wurden und wie und von wem wir das Rezept erhielten. Das Besondere an diesem Abendessen ist, dass man es ohne Reue mit den Fingern essen darf – ganz landestypisch. Man erlebt das Essen einfach völlig neu und anders – mit allen Sinnen nimmt man es Bissen für Bissen wahr. Diese verborgene Leidenschaft habe ich aus diesem Urlaub mitgebracht. Als Kind hat man es ständig gemacht. Im Laufe der Zeit ist es in Vergessenheit geraten, man hat sich angepasst, brav den Sitten hingegeben und nun ist es an der Zeit, es wieder auszuleben. Das lassen sich die Gäste nicht zweimal sagen. Es ist ein herrliches Bild, ihnen dabei zuzusehen, wie sie mit leuchtenden Augen beginnen, ihre Finger tief in die roten Linsen zu tunken, um sie mit der Currysoße zu vermischen. Erst zaghaft, dann immer selbstverständlicher und am Schluss mampfen alle zufrieden all die fremden Geschmäcke vom anderen Ende der Welt. Es ist ein sehr sinnlicher Abend, auf den wir gemeinsam anstoßen.

🐚 Iss mal wieder mit den Fingern.

ALLES WIRD GUT

Wände beben und Türen knallen, Worte fallen, die man nicht so meint und der Puls ist auf 180. Streiten kann richtig anstrengend sein, körperlich und seelisch. Manchmal müssen Dinge raus, es ist wichtig, sie nicht zu verschlucken. Nur nicht daran ersticken. Man sucht Wege, den anderen zu erreichen – verbal oder visuell, wilde Gesten wirbeln durch den Raum, die erhobene Stimme versucht sich Gehör zu verschaffen und manchmal auch zu verletzen.

Irgendwann ist der Punkt erreicht, an dem man nicht mehr kann und sich im Kreis dreht, sich ständig wiederholt und vielleicht auch manchmal keine Lösung findet, vorausgesetzt, man hat tatsächlich nach einer gesucht und nicht nur stur auf seinem eigenen Standpunkt beharrt. Dann ist der Zeitpunkt gekommen, an dem man kurz schweigen darf. Mal wieder einatmen. Und ausatmen. Sich in die Augen schauen, ohne ein Wort zu sagen. Einen Schritt nach vorne gehen, die Hand reichen. Ganz zaghaft. Aus dieser winzigen Berührung wird eine innige Umarmung. Man riecht den anderen, die Tränen trocknen auf der Schulter. Und plötzlich wird alles wieder gut.

🪬 Entschuldige dich für etwas, was du getan oder nicht getan hast.

TURBULENZEN MIT HAPPY END

Es ist der 13. Juli 2014 und Deutschland steht in Brasilien gegen Argentinien im Endspiel um die Fußballweltmeisterschaft. Ich befinde mich in Berlin, um auf einem Kongress zur Positiven Psychologie das Schulfach Glück vorzustellen – zu meinem Glück begleitet mich meine Frau. Da ich mir zu Hause das Spiel anschauen möchte, fahren wir rechtzeitig zum Flughafen. Der Himmel hat sich allerdings bereits gefährlich verdunkelt, als wir ankommen. Wir stehen am Schalter, als uns die Dame hinter dem Tresen nachdenklich anschaut und sagt: »Ihr Flug ist leider abgesagt. In Frankfurt gibt es ein Unwetter.« Um uns versammeln sich Menschen mit ratlosen Gesichtern. Hektisch stürzen sich viele auf die freien Schalter, um für die nächste Maschine einen Platz zu ergattern. Ich überlege kurz, ob ich mich meinem Schicksal ergeben und mich der endlos werdenden Schlange anschließen soll. Habe ich eine andere Wahl? Plötzlich flüstert mir meine Frau ins Ohr: »Lass es sein. Ich habe eine andere Idee. Wir fahren zurück in unser schönes Hotel und genießen den Abend in der Lobby.« Gerade als wir dort ankommen, gießt es wie aus Kübeln. Glück gehabt. Zudem ist unser Zimmer noch frei und der Veranstalter so nett, uns zu einem leckeren Abendessen und einer weiteren Nacht einzuladen. Die Krönung ist, dass wir in den Genuss eines komfortablen Platzes vor der Großbildleinwand kommen. Ein tolles Gefühl, dieses packende Spiel so zu erleben und dazu ein Happy End für die deutsche Fußballnationalmannschaft. Am nächsten Morgen ist strahlendes Wetter. Wir haben eine Maschine am späten Nachmittag und können unseren gewonnenen Tag genießen.

– Ernst Fritz-Schubert (Begründer des Schulfachs Glück)

 Nimm unerwartete Wendungen gelassen und mach das Beste aus ihnen.

ATMEN

Ich wache mehrfach auf, wälze mich unruhig hin und her, halte es in keiner Schlafposition lange aus. Zu viele Gedanken im Kopf, zu viele Dinge, die nicht vergessen werden dürfen, an die ich am nächsten Morgen unbedingt denken muss, zu viele anstehende Erledigungen.

Das späte Essen und der Wein drücken mir auf den Magen. Wieder und wieder ein Aufschrecken aus dem flachen Schlaf, ein Durcheinander von Szenen, von Menschen, von vermeintlichen Geräuschen und Gerüchen, unangenehm, irritierend, chaotisch.

Je stärker ich versuche, zur Ruhe zu kommen, umso fahriger wird mein Hirn und mein Herz fängt an, holprig zu schlagen. Die Gedanken, die Wahrnehmungen, alles gerät irgendwie durcheinander und der selbst aufgebaute Druck, doch endlich loszulassen und zur Ruhe zu kommen, tut sein Übriges dazu, mich noch mehr zu pushen. Woran könnte ich mich orientieren und festhalten? Was könnte wie eine Meeresbrandung einen beruhigenden Rhythmus in mein Gedanken- und Gefühlschaos bringen? Ein weiterer Blick auf die Uhr: 01:30 Uhr. Nachdem ich mich im Dunkeln raus auf die Toilette geschlichen habe und endlich zurück im warmen Bett bin, drohe ich in den gleichen Sumpf, den gleichen verwirrenden Irrgarten zu sinken.

Doch dann nehme ich plötzlich dieses ruhige und regelmäßige Atmen neben mir wahr. Mein Mann in tiefem Schlaf. Ich lege mich auf den Rücken und konzentriere mich auf dieses Atmen, dieses Kommen und Gehen, wie Wellen am Strand. Und plötzlich überkommen mich dieses unglaubliche Glücksgefühl, diese Dankbarkeit und tiefe Ruhe. Ich bin zu müde, zu ihm zu greifen und ihn zu streicheln. Angekommen schlafe ich endlich im Rhythmus seines Atmens ein.

– Antonia Scheib-Berten

🕮 Achte auf deinen Atem und lass dich von ihm beruhigen.

DA PFEIF ICH DRAUF

Die Finger sind an die Lippen gelegt, welche mit leichtem Druck gegen sie pressen. Die Zunge schnalzt und es kommt zu einem schrillen Pfiff. So laut war der gar nicht geplant! Ich wollte doch nur meine Wandergruppe zurückpfeifen, die schnellen Schrittes vorauseilte, während ich irgendwo in den peruanischen Anden kaum hinterherkomme, weil ich wie immer links und rechts schauen muss. Plötzlich kichert es hinter mir und als ich mich umdrehe, steht eine ganze Horde einheimischer Kinder vor mir und reißt begeistert die Augen auf. Schnell verstehe ich, was sie wollen: Ich soll noch einmal pfeifen. Sie sind kaum kleiner als ich und da stehen wir auf Augenhöhe irgendwo im Nirgendwo und ich tue das, was ich irgendwie jedes Mal mache, wenn ich im Ausland Kinder treffe: Ich bringe ihnen das Pfeifen bei.

Meinen Vater würde es freuen, mich hier zu sehen, hat er es mir früher voller Stolz und mit viel Geduld selbst beigebracht. Es ist eine riesige Freude, den Kindern mit wilden Gesten zu erklären, wie sie ihre kleinen Finger am besten am Mund platzieren, um ansatzweise einen Ton herauszubekommen. Es folgt eine Mischung aus wildem Gespucke und lautem Gekicher. Mit Händen und Füßen versuche ich ihnen zu sagen, dass es wichtig ist, viel zu üben. Ob sie mich verstanden haben, weiß ich nicht, aber wir hatten eine Menge Spaß zusammen – Völkerverständigung mal anders. Als ich mich verabschiedet habe, mich umdrehe und weiterlaufen will, ist meine Gruppe endgültig verschwunden. Sie werden schon irgendwann merken, dass ich fehle und ich setze zum nächsten Pfiff an.

🐚 Bring anderen etwas bei, was du besonders gut kannst.

SCHWARZ ZU BLAU

Berlin ist bekannt für seine riesige Szene, für all die Clubs, Bars, harte Türen, Underground- und Passwordpartys. All das ist mir egal, als ich nach einigen arbeitsreichen Tagen eine spontane Einladung eines Bekannten zu einer WG-Party bekomme. Ich praktiziere

 sowieso leidenschaftlich gerne »JOMO« (Joy Of Missing Out) und muss nicht überall dabei sein und mitreden können – da ist mir eine kleine, aber feine WG-Party ganz recht, denn ein bisschen möchte ich mich noch unter das Hauptstadtvolk mischen. Bepackt mit zwei Mitbringsel-Fläschchen klingele ich an einer wildfremden Tür. Ein seltsames Gefühl, zu einer Party zu gehen, zu der man nur indirekt eingeladen worden ist und auf der man keine Menschenseele kennt. Aber es folgt ein sehr herzlicher Empfang, wobei ich nicht weiß, ob das an den beiden Flaschen oder an mir liegt. Mein Bekannter ist noch nicht da und ich mache das, was ich immer am liebsten in fremden Wohnungen mache – ich schaue mich um. Als Fremde geht das noch viel besser als sonst. Doch plötzlich kommt mir wie aus dem Nichts eine alte Bekannte aus Schulzeiten entgegen und wir feiern diesen Zufall. Da passt es gut, dass der hauseigene DJ gerade richtig auspackt und die Bude zum Beben bringt. So etwas kann man auch nur in Berlin machen. Die ganze Wohnung vibriert unter den riesigen Musikboxen und ich tanze so wild im leer geräumten Wohnzimmer wie schon lange nicht mehr. Sollen die anderen doch denken was sie wollen. Sie kennen mich ja eh nicht.

🐚 Schmeiß eine Party.

REGENBEGEGNUNG

Wir kennen einander nicht, doch wir spüren eine Verbundenheit. Dann begegnen wir uns – er in seiner beigen Leinenhose mit weißem Hemd und Sandalen, ich trage eine weiße, seidig-luftige Bluse, beige Culotte und ebenso Sandalen. Ein Zufall? Das Wetter ist warm und windig zugleich.

Ich sehe ihn aus dem Augenwinkel, nicht ganz mein Typ, doch ich finde ihn schön, mein Herz auch. Nervös sind wir beide. Er riecht gut, anschmiegsam und frisch. Wir laufen gemeinsam von der Burgmauer zum Biergarten, er lädt mich ein. Nervös sitzen wir da, essen, erzählen, es gibt sehr viel zu berichten. Ich genieße den Wind, den leichten Rosenduft, das Rauschen der Blätter. Ich bitte ihn, innezuhalten, nur für einen Augenblick. Er ist erstaunt und nimmt dankend an. Es fängt ganz leise an. Tropfen für Tropfen. Ich schließe rasch das Dach des Cabriolets, er sichert uns einen geschützten Platz unter dem Sonnenschirm.

Er sitzt mir gegenüber. Der Wind hebt sein Hemd, der Regen nässt seine Haut. Ich lade ihn zu mir ins Trockene ein. Er rückt näher. Mein Herz bleibt stehen. Er riecht so gut. Der erste Kussversuch, fehlgeschlagen, nervöses Kichern, wir fühlen uns wie 15. Der zweite Versuch und die Welt bleibt stehen. Alles dreht sich. Wir genießen unser Sein. Intensiver Rosenduft, der leise Regen und die amüsierten flüsternden Menschen um uns herum. Er lächelt mich an. Lust auf Eis? Ja, nur bitte ohne Keks. Gut, den mag ich auch nicht. Wir lachen.

– Pamina Lauzi

❀ Küss jemanden innig.

ENDE EINES SOMMERTAGS

Der See liegt ruhig und unschuldig vor uns, die Farben des Tages verschwimmen in der Dämmerung und der Mond ist schon deutlich zu sehen. Der Sommertag am Wasser neigt sich dem Ende und so richtig möchte ihn niemand gehen lassen. So kommt es, dass einer aus unserer Meute plötzlich ein Blitzen in den Augen hat und ohne Vorwarnung beginnt, sich auszuziehen. Wir stehen leicht verwirrt daneben und schauen ihm dabei zu, wie er Richtung See rennt. Es platscht und spritzt und das Einzige, was man noch ansatzweise erkennen kann, sind zwei weiße Pobacken, die im dunklen Wasser verschwinden.

Das lassen wir anderen uns nicht nehmen und tun es ihm gleich. Es ist ein einziges lautes Gekicher und Plantschen. Beinahe hatte ich das einzigartige Gefühl vergessen, wie wunderbar es ist, nackt zu baden! Das vom Tag erwärmte Wasser ist überall und kitzelt ein Gefühl von Freiheit in uns hervor. Wir schwimmen, toben und schreien um die Wette und ich genieße die Dynamik der Clique. Kurz bevor ich mich entschließe, rauszugehen, tauche ich ab. Diese ganz besondere dunkle Stille habe ich lange nicht erlebt. Am Ufer stehen wir noch lange in unsere Handtücher eingewickelt da und verabschieden diesen Sommertag.

 Geh nackt baden.

EISZEIT

Draußen kocht eine brütende Hitze und alle stöhnen schon den ganzen Tag lang – jetzt ist der Sommer richtig da und kann es dennoch keinem recht machen. Ich gebe zu, es gibt Besseres, als an einem Hochsommertag vor dem Rechner zu sitzen und sich konzentrieren zu müssen, während man der festen Überzeugung ist, dass sich Gott und die Welt draußen im Freibad amüsieren. Mit einer großen Portion Selbstmitleid schleppt man sich durch den Arbeitstag, immer mit der Hoffnung auf den Feierabend im Biergarten. Als ich in die Küche gehe und mir ein kaltes Wasser holen möchte, öffne ich den Kühlschrank und mir kommt eine große Wolke kühler Dampf entgegen. Meine Haut kitzelt und ein wohliger Schauer durchfährt mich. Am liebsten würde ich mich in den Kühlschrank setzen, so schön ist dieser kleine kühle Moment. Ich schließe die Augen, tanke etwas Frische und vergesse mein Wasser, da ich plötzlich eine ganz andere Idee bekomme: Ich schnappe mir die Kollegen und wir pilgern zur nächsten Eisdiele. Die große Portion Selbstmitleid ist einer noch viel größeren Portion Eis gewichen. So lässt sich der Sommer aushalten.

🏵 Lade jemanden zum Eis ein.

RUCKSACKREISE

50 Liter Fassungsvermögen hat der Rucksack, den ich sorgfältig in einem Outdoor-Laden aussuche. Das kommt einem sehr wenig vor, wenn man bisher nur mit überladenem Koffer verreist ist. Noch war mir nicht klar, dass dies ein Rucksack ist, der das Leben verändern kann.

Die Packliste ist lang und es passt nicht einmal annähernd die Hälfte rein. Was für ein Fehlkauf. Oder sollte ich vielleicht eher meine Packliste überdenken? Hier ist alles voller Wenns und Abers. Was wäre, wenn das passiert? Was mache ich nur, falls ich das nicht dabei habe? Aber ich brauche das doch unbedingt, falls diese oder jene Situation eintritt. So ein Quatsch!

Es ist genauso wie im Leben. Wenn man sich ständig mit unnötigen Sorgen beschäftigt und die Gedanken immer um diese kreisen, dann ist das unnötiger Ballast, der in 99,9 % der Fälle eh nie gebraucht wird.

Das habe ich mit meinem Rucksack mehr als deutlich vor Augen geführt bekommen: Nimm nur das mit, was du wirklich brauchst! Und das ist nicht viel. Kein unnötiger Schnickschnack, keine tausend Möglichkeiten.

Sich auf das Wesentliche besinnen, reduzieren, ausmisten und sich bewusst für oder gegen etwas zu entscheiden, tut richtig gut! So kommt man unbeschwerter und glücklicher durch die wichtigste Reise von allen: Das Leben.

Nach jeder Rucksackreise – und seitdem mache ich nichts anderes mehr – komme ich nach Hause zurück und weiß, wie wenig es braucht, damit ich wirklich glücklich bin. Ich bin befreit, sowohl äußerlich als auch innerlich.

🐚 Werde dir bewusst, was du wirklich brauchst, und miste aus. Innerlich und äußerlich.

GRENZGÄNGER

Ich kann mich noch gut an mein Staunen erinnern, als ich das erste Mal bei einem Ironman zugeschaut habe, dem härtesten Triathlon der Welt. Okay, ich habe damals Fußball gespielt, war körperlich ganz fit, aber nacheinander 4 Kilometer schwimmen, 180 Kilometer Rad fahren und dann noch einen Marathonlauf? Unmöglich! Aber irgendwie haben mich die Bilder vom Ironman nicht mehr losgelassen, und so habe ich angefangen zu trainieren.

Ich bin schneller und fitter geworden und habe mich auch besser gefühlt. Und habe ganz nebenbei gemerkt: Egal, was im Alltag passiert, ob es stressig wird oder Konflikte gibt, wenn ich ausgepowert aus dem Wasser oder vom Rad steige, wenn ich immer weiter und immer schneller renne, dann ist das wie weggewischt. Und so bin ich drangeblieben. Ich bin in einen Verein eingetreten und habe mir Rat von Experten geholt, wie ich noch besser werde. Und irgendwann war es dann so weit: mein erster Triathlon. Sicher, nicht ganz so hart wie der Ironman, aber ich habe es geschafft, ich bin geschwommen, gefahren, gelaufen wie ich nur konnte, ich bin ins Ziel gekommen und habe gemerkt: Mein Körper kann viel mehr, als ich dachte. Ich kann viel mehr, als ich dachte.

Ich glaube, jeder Sportler kennt diesen besonderen Glücksmoment, den ich da erlebt habe. Naturwissenschaftler mögen über Endorphine reden, mit denen der Körper bei großer Anstrengung geflutet wird. Aber wie das Glücksgefühl zustande kommt, ist mir eigentlich egal. Es ist toll, und noch toller ist, dass es immer wiederkommt, nämlich nach jedem Triathlon!

– Heiko Maas (Bundesminister der Justiz und für Verbraucherschutz)

🪶 Lerne deine Grenzen kennen und geh über sie hinaus.

DÖP, DÖP – DÖDÖDÖ

Sobald ich im Fernsehen zufällig den kleinen Löwenzahn durch den Asphalt brechen sehe, bleibe ich auch heute noch gespannt hängen. Was Herr Lustig mir wohl heute wieder Neues beibringen wird? Eigentlich kann ich alle Folgen auswendig, wie gebannt klebte ich damals am Bildschirm und habe die Abenteuer verfolgt und alles in mich aufgesogen, was uns Kindern erklärt wurde. Besonders faszinierend fand ich, dass es gar kein Unkraut gibt. Mit welcher Leidenschaft ich damals Löwenzahn im Garten gesät habe, damit ich die kleinen Pflanzen sprießen sehen konnte und meine Meerschweinchen auch immer genug Futter hatten. Auch heute kann ich an keiner Pusteblume vorbeigehen, ohne sie eingehend zu betrachten. Mit einem Hauch fliegen die Fallschirmchen davon, jedes von ihnen mit dem Auftrag, einen kleinen Wunsch zu erfüllen. Da wirbeln sie in die Welt hinein und ich bewundere ihre Leichtigkeit. Peter hatte Recht, es ist wichtig, abzuschalten und die wahren Abenteuer selbst zu erleben.

🪶 Puste eine Pusteblume.

DAS LEBEN IST EIN SPIEL

Seit vielen Jahren spielt meine Oma leidenschaftlich gerne Karten. Jeden Montag ist es ihr eine riesengroße Freude, sich mit einigen

Freunden im Café zu treffen, ihren Latte Macchiato mit Strohhalm zu genießen und ausgelassen die Karten sausen zu lassen. Sie lachen zusammen, berichten von ihren Familien und machen auch die ein oder andere Bekanntschaft mit anderen Gästen, denn des Öfteren gesellt sich jemand dazu und fragt neugierig, was sie spielen. Jeder ist herzlich eingeladen, mitzumachen, denn leider kommt es immer wieder vor, dass ihre illustre Runde schrumpft, da die Mitspieler sterben. Schließlich sind sie alle über 80 Jahre alt, die Älteste sogar über 90 und da kann man immer ein paar Ersatzspieler gebrauchen. Feste Regeln gibt es nicht. Wer montags Zeit hat und noch lebt, kommt dazu. Manchmal sitzt meine Oma auch alleine da, aber das macht ihr nichts, denn zum Glück gibt es ja auch noch uns Enkel, mit denen sie spielen kann. Wir sind alle schon erwachsen, kommen aber immer gerne zu ihr und direkt nach dem Essen werden natürlich die Karten gemischt. Dann gibt es kein Pardon, denn jeder möchte gewinnen. Die wichtigste Spielregel ist aber seit jeher, genügend Nachtisch im Haus zu haben.

🐚 Organisiere einen Spieleabend.

KÄSEGLOCKENTAG

Der süße Schmerz der Tätowiernadel beschert mir jedes Mal einen Glücksmoment. Dabei fing es ganz harmlos mit einem klitzekleinen Holzmarienkäfer an. Den habe ich vor ein paar Jahren nach drei Monaten Alkohol- und Drogentherapie von den Klinikangestellten geschenkt bekommen. Im Frühling war meine Therapie erfolgreich beendet und es lüftete sich die Käseglocke der Klinik. Zwölf Wochen ganz ohne – das war schon was für mich! Und nach und nach gesellten sich immer mehr Wochen hinzu.

Irgendwie war das damals für mich unvorstellbar. Und für alle, die mich kannten. Und dann hatte ich auf einmal ein ganzes Jahr ohne Suff und Drogen hinter mir. Zwölf Monate ohne den Schutz der Käseglocke in freier Wildbahn unterwegs zu sein, ohne mir auch nur ein einziges Mal die Lichter auszuschießen: Das wollte ich feiern! Meinen Käseglockentag. Mir fiel der Holzmarienkäfer ein und mich überkam das Bedürfnis, mich mit meinem Marienkäfer schmücken zu wollen. So entschied ich mich für ein Marienkäfer-Tattoo und ließ mir diese bleibende Erinnerung an mein erstes »cleanes« Jahr stechen. Ein Jahr später kam wieder eins dazu. Dann noch eins. Und der nächste Termin ist bereits vereinbart. Jedes Mal, wenn ich die Tätowiernadel spüre, wird mir bewusst, welch harte Arbeit es war, an diesen Punkt zu gelangen und wie stark und stolz ich bin.

– Andreas Ratzmann

🐚 Feiere deine Erfolge. Die großen wie die kleinen.

IM FLOW

Der Tag rast vorbei. Die Woche geht vorüber. Der Monat schwindet. Wohin geht die Zeit? Man hetzt von Termin zu Termin, stopft sich immer noch eine superwichtige Sache in den Kalender, die unbedingt und jetzt sofort erledigt werden muss. Wir sagen Dinge zu, auf die wir eigentlich keine Lust haben, ein wichtiges Meeting jagt das nächste, wir erfüllen Pflichten, werden unseren Rollen gerecht und zwischendrin hat man noch einen Haushalt, eine Familie, eine Partnerschaft oder die Weltrettung zu managen.

Wenn einem dieser irre Kreislauf ab und zu wieder bewusst und vor allem zu viel wird, tut es wahnsinnig gut, diesem zu entkommen. Im wahrsten Sinne des Wortes. Raus – egal, wie voll der Kalender ist.

Vieles ist gar nicht so wichtig, wie es scheint, und fast alles lässt sich verschieben oder anders regeln. Ausmisten, delegieren, absagen.

Oft sitze ich dann im saftigen Gras am Fluss und weit und breit ist niemand zu sehen, außer dem frisch verliebten Storchenpaar, das gegenüber auf einem Baumstamm nistet. Nur sie, ich und der Fluss.

Ich beobachte die Spiegelungen der Bäume, die winzigen Wellen, das sich dem leichten Wind beugende Schilf.

Meine Gedanken treiben genau wie das Wasser und der Fluss macht mir klar, was wirklich zählt. Er zeigt mir, dass es wichtig ist, loszulassen.

Alles geht weiter. Alles ist im Fluss.

🐚 Stell dich auf eine Brücke oder setz dich an einen Fluss. Schau dem Wasser beim Fließen zu.

BALKONGESPRÄCHE

Der winzig kleine Tisch ist reich gedeckt mit Dingen, die mich wahrnehmen lassen, wie gut es uns geht. »La dolce vita« mitten in Mannheim. Oliven, Wein, Öl und die weltbeste selbstgemachte Pizza. Geheimrezept: Liebe, eine ordentliche Portion Lebenslust, gewürzt mit herzlichem Lachen wird sie zu meinem neuen Lieblingsgericht.

Gemeinsam sitzen wir auf dem kompakten Balkon der Nachbarn und lassen den Sommer, der nun fast hinter uns liegt, und seine Geschichten Revue passieren. Der Himmel färbt sich, der warme Wind streift noch einmal vorbei. Die Krähen sitzen auf dem gegenüberliegenden Dach und wir fühlen uns beobachtet.

In der Tiefe rasen Kinder auf ihren Rädern vorbei, gegenüber schüttelt die alte Dame ihren Teppich aus, im Haus neben uns wird gestritten. Wir fühlen uns immer mehr wie in Italien, während der Wein seine Wirkung entfaltet. Der italienische Akzent des Nachbarn gibt dieser Situation den Rest und ich schenke uns nach.

Ein spontaner Abend mitten in der Woche, eine leckere Flucht aus dem Alltag und die Erkenntnis, dass aus Nachbarn Freunde werden.

🐚 Komm mit deinen Nachbarn ins Gespräch. Lade sie ein und lerne sie kennen.

KEINE TERMINE

Ich bin weit weg von allem und doch ganz hier. Der Sand klebt an meinen nackten Füßen und das Sommerkleid an der salzigen Haut. Die windzerzausten Haare sind unter einem Strohhut verborgen. Ich beobachte die Menschen um mich herum, wie sie einfach nur sind und das Leben genießen. Ich erwische mich, wie ich dasitze und grinse.

Da ist es also: Das gute Leben. Herzlich willkommen, ich bin mittendrin.

Die Eiswürfel knacken um die Wette, während ich das Kondenswasser beobachte, das an meinem Glas herunterperlt.

Ich schlürfe am Strohhalm und erwische Zucker, den ich genüsslich zerkaue. Der Geschmack der frischen Minze und das Temperament der Barfrau wecken mich aus meinen Tagträumen. Meine Füße kribbeln mit der Atmosphäre um die Wette. Keine Termine und leicht einen sitzen.

Das Gefühl der völligen Freiheit, ein wohliges Vakuum im Kopf und der kleine Schalk im Nacken, der einem ins Ohr flüstert, wie wunderbar das Leben ist.

🐚 Gönn dir ein tolles Getränk und genieß deine freie Zeit.

RAUMERFAHRUNG

Vorsichtig tauche ich meine Fingerspitze in das Wasser, das meist am Eingang in einer Schale dargeboten wird, und führe den Finger von der Stirn über den Bauch zur linken und dann zur rechten Schulter. Wenn ich einen stimmungsvollen Sakralraum betrete, fühle ich mich oft schlagartig meinem Vater nahe, der vor einigen Jahren verstorben ist.

In meiner Kindheit gab es wenige Gelegenheiten, gemeinsam Zeit zu verbringen. Wenn ich ihn zu Terminen auf Kirchenbaustellen begleitet habe, konnten wir uns intensiv austauschen. Marmorimitationen, vergoldete Ornamente, raffinierte Illusionsmalereien: In diese Welt konnte mich mein Vater wunderbar einführen, wusste mich davon zu begeistern und mir neue Dimensionen zu eröffnen. Bei langwierigen Besprechungen habe ich diese Räume dann oft auch alleine spielerisch erobert und Gerüstlagen bis zum Kirchturm erklommen. Es war faszinierend, den Geheimnissen der Illusionsmalereien auf die Spur zu kommen – aus der Nähe zu sehen, wie flott die Pinselstriche teilweise gesetzt waren, die aus der Ferne eine perfekte räumliche Illusion hervorrufen. Die Sakralräume wurden mit der Zeit für mich zu einem mystischen Zuhause, sodass ich heute auf Reisen kaum an einer Kirche vorbeigehen kann, ohne ihr Inneres zu erkunden. Und wenn ich auf einen dieser intensiven Räume stoße, fühle ich dieses stille, fast scheue innere Glück und spüre meinen Vater eng an meiner Seite und mit mir im Raum.

– Markus Artur Fuchs (Initiator und Mitherausgeber des *enorm*-Magazins und der Plattform Good Impact, Geschäftsführer der Agentur Kontext Kommunikation)

🪞 Geh in eine Kirche und genieß die ruhige Stimmung.

WARMER SCHAUER

Der heiße Sommertag flirrt mit aller Kraft und die Lungen sind gefüllt mit Luft, welche so warm ist wie die Körper selbst. Es liegt eine drückende Stimmung über der Stadt, die der eines drohenden Weltuntergangs gleicht. Die Amseln, die eben noch gesungen haben, sind verschwunden und plötzlich erscheint der riesige Wolkenturm hinter den Dächern. Es fühlt sich an, als würde man gleich überrollt werden. Ehrfürchtig blicken die Leute nach oben, mit einem erleichterten Lächeln im Gesicht. Jeder ist auf der Suche nach einer kleinen Erfrischung und nun wartet eine ganz besondere auf uns. Gerade wollte ich mich auf den Weg machen, stehe nun aber im Eingangsbereich unter dem schützenden Vordach des Hauses, mein Sommerkleid weht wild vom stärker werdenden Wind, der durch die Straßen fegt. Kurz nachdem es donnert, legt der Platzregen auch schon los. Es ist ein tolles Erlebnis, von hier aus dem Theater der Wolken zu folgen.
Vor mir auf dem Gehweg bildet sich schnell ein kleiner Fluss. Ich habe Flipflops an und trete für einen Augenblick aus dem Schutz des Vordaches hervor in das strömende Wasser hinein. Meine Füße sind nass, von oben prasselt der Regen. So schnell wie er kam, ist er auch wieder vorbei. Die Sonne erkämpft sich mit aller Kraft ihre Position wieder zurück und die ersten Strahlen landen auf dem Asphalt. Der Duft von Sommerregen erfüllt nun das ganze Viertel und man sieht den Menschen an, wie sehr sie die kurze Abkühlung genießen und die Fenster öffnen, tief einatmen oder erfrischt ihren Weg fortsetzen.

🐚 Rieche den Sommerregen.

DER ERSTE SCHRITT

Dieser blöde Streit dauert schon viel zu lange und nervt alle beteiligten Parteien. Seit Monaten diskutieren wir herum, zuletzt nur noch über unsere Anwälte. Ich bin niemand, der gerne und freiwillig ein Fass aufmacht und Unmut provoziert, aber ich kann mir nicht alles gefallen lassen und wenn ich ungerecht behandelt werde, kann ich auch sehr hartnäckig sein. So kommt es, dass dieser Streit tatsächlich vor dem Richter landet und ich mich das erste Mal in meinem Leben im Gerichtssaal wiederfinde. So kenne ich mich gar nicht und lerne auch neue Seiten an mir kennen. Mein Anwalt steht mir mit Rat und Tat zur Seite, um diese verfahrene Situation zu klären. Es ist seltsam, als Klägerin alleine im Saal zu sitzen, die Gegenpartei ist in der Mehrheit, fühlt sich sicher und stark, hat meinem anfänglichen Gruß mit Ignoranz getrotzt. Zum Glück bringt mich gerade nichts aus der Ruhe. Der Richter ist ein lockerer Typ, der mit einem leicht ironischen Unterton diesen Fall Revue passieren lässt, Fragen stellt und genau nach meinem Geschmack kommentiert. Ich kann mir ein Grinsen nicht verkneifen. Um die Sache schnellstmöglich über die Bühne zu bekommen, einigen wir uns auf einen Vergleich, der wie ich erwartet habe zu meinen Gunsten ausfällt. Geschafft. Als ich den Saal verlasse, atme ich tief durch und gehe auf die Gegenseite zu. Ich stehe alleine vor ihnen, jetzt können sie mich nicht mehr ignorieren. Meine Hand streckt sich aus und ich erkläre, dass ich sie in Zukunft gerne noch grüßen würde, wenn wir uns auf der Straße begegnen. Perplex schauen sie sich an, schauen mich an und ich kann die Steine purzeln hören, die auch ihnen vom Herzen fallen. Ein langer Handschlag. Ein Nicken. Alles Gute. Ich drehe mich um und egal, wie der Vergleich ausgegangen wäre, ich habe gewonnen.

🌼 Mach den ersten Schritt und versöhne dich.

STUNDENLANGES STÖBERN

Der Geruch des Vergangenen kombiniert mit der Suche nach etwas Neuem lockt mich jedes Mal wieder in die alte Bücherei. Diese ganz besondere Faszination kann sich aber erst entfalten, wenn ich eine ordentliche Portion Zeit mitbringe. Schon wenn ich den ersten Fuß auf den grauen Teppichboden setze, der jeden Schritt verstummen lässt, spüre ich diese Mischung aus absoluter Ruhe und gleichzeitig riesiger Neugierde, was ich heute wieder alles entdecken kann. Die fein gekleidete Dame am Empfang kennt mich schon, ihre knallrote Brille sitzt weit vorne auf der Nase und ihre freundlichen Augen strahlen darüber hinaus jeden Gast an, der hineinkommt. Die schwere Tür fällt hinter mir zu und ich lasse alles hinter mir. Vor mir warten Tausende Bücher voller Inspiration darauf, durchstöbert zu werden. Jetzt heißt es, sich von der Intuition und Neugierde leiten zu lassen und genau das macht den Reiz aus. Ich weiß vorher nie, wohin sie mich führen werden und was ich lernen werde. Mal entdecke ich alte Rezepte, mal tauche ich ab in ferne Länder und Kulturen oder man findet mich auch gerne in der Kinderbuchabteilung, wo ich Sams und Co. Hallo sage. 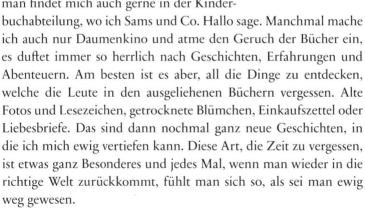 Manchmal mache ich auch nur Daumenkino und atme den Geruch der Bücher ein, es duftet immer so herrlich nach Geschichten, Erfahrungen und Abenteuern. Am besten ist es aber, all die Dinge zu entdecken, welche die Leute in den ausgeliehenen Büchern vergessen. Alte Fotos und Lesezeichen, getrocknete Blümchen, Einkaufszettel oder Liebesbriefe. Das sind dann nochmal ganz neue Geschichten, in die ich mich ewig vertiefen kann. Diese Art, die Zeit zu vergessen, ist etwas ganz Besonderes und jedes Mal, wenn man wieder in die richtige Welt zurückkommt, fühlt man sich so, als sei man ewig weg gewesen.

🐚 Geh in eine Bücherei, lass dich inspirieren und entdecke Neues.

ICH KOMME GLEICH NACH

Ausschlafen und ein vernünftiger Kaffee – zwei Dinge, die man unbedingt braucht, wenn man vorhat, den Tag zu einem richtig guten werden zu lassen. Zugegeben, das ist ambitioniert. Im Alltag bleibt meist kein Platz für solch verschwenderische Dinge wie Schlafen und Schlemmen.

Blöd nur, wenn man das glaubt. Gerade im Bett und in aller Früh habe ich meinen Lieblingsmoment. Es ist ungefähr sieben Uhr und ich trage meinen Schlafanzug. Ich öffne das Fenster, es strömt frische Luft hinein und es leuchtet – im besten Fall – hell und gelb. Dann husche ich in die Küche und koche einen Kaffee. Umgehend verziehe ich mich nochmal dorthin, wo ich herkam. Ins Bett, den unproduktivsten Ort der Welt. Nur für die Dauer dieses einen Kaffees. Jetzt vereinen sich Licht und Luft mit Kaffeearoma. Währenddessen ist alles möglich; besonders erwünscht sind Gedankenspiele, Atemzugzählerei und Zehenstreckungen. Manchmal lese ich Nachrichten oder gucke nur in die Luft. Einzige Regel: Einschlafen sollte man nicht nochmal, denn es handelt es sich ja gerade um das Gegenteil – ein Aufstehritual. Dabei habe ich ein schwer einzuordnendes Gefühl. Es ist eine Mischung aus Freiheit und Rebellion. Warte nicht auf mich, schöner Tag. Geh ruhig schon mal los. Ich komme gleich nach – in meinem Tempo. Blitzartig wird mir klar, dass ich jetzt unter die Dusche muss und Aufgaben auf mich warten. Aber ich fühle mich gut, gelassen und gestärkt. Das ist ganz wichtig, wenn man vorhat, den Tag zu einem richtig guten werden zu lassen.

– Sinah Müller

❀ Erfinde dein eigenes Aufstehritual.

ALLTAGSABENTEURER

Mitten in der Wildnis haben wir unser Lager aufgeschlagen und sind stolz auf die kleine Zeltburg, die wir uns in der Abenddämmerung gebaut haben. Wie ein Wikingerlager stehen die Zelte im Halbkreis, in der Mitte unser Gaskocher und ein angebrannter Topf mit Nudeln. Über ein paar Raviolidosen und leere Bierflaschen stolpern wir gegen Mitternacht in unsere Kojen und ziehen uns die Schlafsäcke bis unter die Nase, denn es ist kälter als erwartet. Es geht nichts über einen Kurzurlaub mit Freunden. Man muss gar nicht weit weg fahren, manchmal reicht es, wenn man sich das Zelt schnappt und ins Feld oder an das nächste Flussufer fährt, um sich wie ein wahrer Abenteurer zu fühlen. Ich krame mein zweites Paar Socken heraus, das ich noch dabei habe und bringe mich in die kleinstmögliche Embryostellung, um mich aufzuwärmen. Klappt nur so mittel gut. Gerade als der Dämmerschlaf sich nähert, passiert das, wovor sich jeder Camper vehement fürchtet: Ich muss aufs Klo. Ich ziehe den Kapuzenpulli tief ins Gesicht, fluche leise, um niemanden aufzuwecken, der Reißverschluss ratscht ungeduldig und ich stampfe in die dunkle Nacht. Bis ich hinter dem nächsten Busch angekommen bin, ist die ganze Wärme verflogen, die ich mir bis eben mühsam erkämpft habe. Es muss lustig aussehen, wie ich nachtblind über Stock und Stein springe, nur um schnellstmöglich wieder im Zelt anzukommen. Mein Schlafsack ist noch warm und beschert mir einen wohligen Schauer. Nachdem ich wieder bis zur Nasenspitze eingemummelt bin, kann ich doch schneller einschlafen als gedacht. So lange bis mein Zeltnachbar sich auf den Weg zur Pipipause macht.

🐚 Verbring eine Nacht im Freien.

TÜREN ÖFFNEN SICH

Es ist ein ganz normaler Arbeitstag und das bunte Treiben ist hektisch und herzlich wie eh und je. Ich sitze vor meinem Computer und arbeite an einer Präsentation, als eine liebe Kollegin mit traurigen Augen hereinkommt. Sie wird uns verlassen. Sie hat neue Pläne. Für einen winzigen Moment bin ich sehr geknickt, weil sie die gute Seele ist. Umarmungen, Wertschätzung, Dankbarkeit, herzliche Fragen und ein offenes Ohr hat man bei ihr immer bekommen. Wenn sie begeistert ist von einer Idee, gibt sie das kund und so wird das Teamgefühl durch sie besonders gestärkt. Aber der kurze Anflug von Traurigkeit verfliegt sofort wieder, als wir uns umarmen, denn ich weiß, dass wir weiter in Kontakt sein werden. Diese Verkündung bringt mich ins Grübeln und mir wird klar, wie viel sich doch immer verändert. Nichts ist sicher. Alles bewegt sich. Wenn man denkt, dass gerade alles ganz normal läuft, gewöhnt man sich sehr schnell an diesen Zustand. Aber sobald man sich sicher ist, man hätte alle Antworten gefunden, ändert das Leben die Fragen. Ganz einfach. Man sollte sich nie auf ein und dasselbe Modell verlassen, denn alles ändert sich so schnell, dass einem manchmal schwindelig werden kann. Man muss mit dem Leben Hand in Hand durch dick und dünn gehen. Flexibel, offen und neugierig sein. Erstens kommt es immer anders und zweitens als man denkt. Gerade als sich eine kleine Melancholie einstellt und ich gedankenverloren auf meinen Bildschirm starre, ploppt eine E-Mail auf mit einer sehr spannenden Anfrage. Meine Augen blitzen plötzlich wieder und da ist es, das Gefühl, dass alles im Fluss ist, und wenn sich irgendwo Türen schließen, sich dann doch wieder neue öffnen. Sonst wäre es ja auch langweilig.

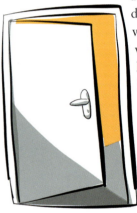

🛡 Lobe einen Kollegen für eine gute Idee.

DIE WELT STEHT KOPF

Wenn ich in Gedanken schon wieder zehn Schritte weiter bin, mich verzettele und mir selbst dadurch Stress erzeuge, habe ich einen ganz einfachen Trick, der mir immer wieder dabei hilft, runterzukommen. Ich mache einen Kopfstand. Jetzt sieht die Welt so aus, wie sie mir gefällt. Für einen Moment ist das Bild mit dem aktuellen Gefühl kongruent. Alles steht Kopf. Und gleichzeitig relativiert sich dadurch alles. Meine Beine berühren die Wand, mein Kopf drückt auf das Kissen und ich spüre bei durchgestrecktem Rücken meinen ganzen Körper. Der Herzschlag pocht laut und ich merke, wie das Blut durch die Adern fließt, hinein in meinen Kopf. Der leichte Druck tut gut. Es bitzelt. Sobald die Beine wieder den Boden berühren und ich mich langsam aufrichte, nimmt der Druck unmittelbar ab und ich fühle mich erleichtert und befreit. Das Gewusel in meinem Gehirn ist verschwunden.

🐚 Mach einen Kopfstand und beobachte die Welt.

DAS PARADIES IM AUGENBLICK

Einen meiner stillsten und zugleich kostbarsten Glücksmomente habe ich in einem Meditations-Retreat erlebt. Ich litt an Liebeskummer und ich war besessen von dem Gedanken, in der Halle meditieren zu müssen, um meinen Schmerz zu stillen. Doch mein Lehrer war anderer Meinung. Er führte mich in den Garten und setzte mich vor einem riesigen Haufen gemähten Unkrauts. Dort gab er mir milde lächelnd den Auftrag, für die Küche alle wilden Minzpflanzen aus dem grünen Chaos herauszusuchen. Unter der glühenden Sommersonne begann ich hastig zu arbeiten. Denn ich wollte schnell wieder mit den eigentlichen, doch viel wichtigeren Dingen in der Meditationshalle fortfahren. Ich wühlte verbissen und wütend in dem Haufen, um nach einer Stunde verzweifelt festzustellen, dass kein Ende in Sicht war. Ich kam mir so ungerecht behandelt vor. Vom Leben und sowieso. Ich weiß nicht, nach wie vielen Stunden ich die Hoffnung aufgab, schnell fertig zu werden. Doch irgendwann gab ich mich dem Unkraut hin. Ich wollte nicht mehr fertig werden, sondern akzeptierte diesen Augenblick als mein Leben. Die Zeit blieb stehen und jedes grüne Blatt in meiner Hand wurde zu einer wundersamen Sensation. Mein Geruchssinn nahm plötzlich all die Duftnuancen der Kräuter und Gräser wahr. Ohne es irgendwie erklären zu können, war ich in der Gegenwart angekommen und entdeckte ihre Vollkommenheit.

Seitdem habe ich den Zugang zu ihr Tausende Male wieder verloren, doch ich weiß, dass ich jederzeit zu ihr zurückkehren kann. Indem ich den Boden unter meinen Füßen spüre. Den nächsten Atemzug wie meinen letzten genieße oder die Hand eines geliebten Menschen staunend berühre. Unser Glück ist immer hier. Nur wir manchmal nicht.

– Veit Lindau (Life Trust Akademie, Trainer und Redner)

🐚 Entdecke deine ganz persönliche Art, ins Hier und Jetzt zu finden.

HAND IN HAND

An diesem ganz normalen Tag gehen wir nebeneinander her, jeder für sich in Gedanken versunken. Die Tasche über der Schulter, die Hundeleine in der Hand, unsere Schritte im selben Takt. Wir gucken links und schauen rechts, während wir die lange Straße schweigend hinablaufen. Unsere Hände berühren sich nur für den Bruchteil einer Sekunde. Ein winziger Augenblick, der mich ins Jetzt zurückholt. Wir schauen uns an, vertrautes Lächeln, ein kurzer Luftkuss. Unsere kleinen Finger haken sich ein und wir laufen einfach weiter. Eine kleine Geste, die mir immer wieder zeigt, wie schön es ist, sich gegenseitig Halt zu geben.

🐚 Nimm jemanden an die Hand.

DER ROTE REGENSCHIRM

Drinnen herrscht Feierabendgedrängel im Supermarkt. Vollbepackt mit einem Korb und einer dicken Umhängetasche schlängele ich mich nach draußen. Die Schiebetür geht auf, vor mir eine Wand aus Regen. Den Schirm habe ich natürlich nicht dabei. Ich schnaufe durch, ducke mich und ziehe mir die Kapuze über den Kopf. Gerade als ich den ersten Schritt in den Platzregen setzen möchte, erscheint über mir ein Schirm. Kurz erschrecke ich mich und drehe mich um. Ich kenne ihn nicht, aber er lächelt mich freundlich an: ein älterer Herr mit einem roten Regenschirm. Ob er mich ein Stück begleiten solle. Verdattert nicke ich nur und lächele zurück, so etwas habe ich auch noch nicht erlebt. Wir verständigen uns kurz, dass das Wetter wirklich sehr ungemütlich ist, aber ansonsten reden wir nicht viel. Das ist aber gar nicht schlimm, denn es ist angenehm, neben ihm unter seinem großen Schirm zu laufen. An der nächsten Ecke muss er leider abbiegen und wir verabschieden uns, ich bedanke mich gefühlt tausend Mal, aber ich glaube, ihm ist es Dank genug, dass er mir helfen konnte. Bis ich zu Hause ankomme, bin ich zwar trotzdem durchnässt, aber so entzückt wie ich bin, ist das jetzt auch egal.

🐚 Nimm eine fremde Person mit unter deinen Schirm.

TIEFER SCHLAF

Während du schläfst, zähle ich die Deckenplatten des Warteraums: Es sind 127. Ich lerne die Aufschrift auf der Eingangstür auswendig: »Intensivstation 2/Neurologie 4. Bitte klingeln.« Ich lerne die Bedeutung all der kleinen Lichter, Bildschirme, Signale und Schläuche um dich herum – wann du Fieber hast, wie hoch dein Bluthochdruck werden darf, welches Medikament dich im künstlichen Koma versorgt oder wie der Luftröhrenschnitt dich beatmet.

Während du schläfst, sehe ich dich im Sommer im Garten lachen, du rennst mit unserem Hund um die Wette, du kochst unsere Lieblingsgerichte. Ich bin mir deiner Ruhe und deiner Ausgeglichenheit bewusst, ich bewundere deinen Mut und Willen, die Dinge so zu nehmen, wie sie sind, und dennoch würdest du niemals aufgeben. Mit jedem Atemzug, den du selbstständig machen kannst, zeigst du uns, wie sehr du bereit bist zu kämpfen.

Während du schläfst, frage ich dich: »Hier ist deine Lieblingsschwiegertochter. Wenn du weißt, dass du in vier Wochen zur Geburt deiner Enkelin wieder aufwachst, dann drück jetzt fest zu.« Tränen der Dankbarkeit stehen in meinen Augen, als ich ein leichtes Zucken deiner Finger in meiner Hand verspüre.

– Julia Kizhukandayil

🏵 Nimm dir Zeit und mach einen Krankenbesuch. Sei für andere da und schenke Kraft.

PLANLOS

Draußen ist es grau und der Winter kommt mit schnellen Schritten. Der Hals kratzt und die Füße sind kalt. Zum Glück ist es Sonntagmorgen und ich habe mein Zeitgefühl vergessen, als ich ohne Wecker aufwache. Schon in der Nacht habe ich mich auf diesen Moment gefreut, als ich kurz aufwachte und im Dämmerschlaf dachte, dass ich bald früh aufstehen muss. Als ich realisierte, dass Sonntag sein wird, schlief ich glücklich wieder ein. Als ich es schaffe, die Augen endgültig zu öffnen, husche ich aus den Federn, um mir einen Kaffee und eine Wärmflasche zu machen. Und ab geht es wieder in die Kiste. Das Gefühl des Zurückkehrens ohne Reue ist ein ganz wunderbares und ich ziehe die Decke weit hoch bis an den Hals. Der Kaffeeduft, der vom Nachttisch zu mir rüberweht, hält mich wach und mich schaudert es kurz, als ich die warme Wärmflasche an mich drücke. Was für ein toller Tag! Ich habe keinen Plan – alles, was ich möchte, ist, mich nicht mehr als notwendig zwischen Bett und Sofa hin und her zu bewegen, irgendeinen Nonsens im Fernsehen zu schauen, mein Lieblingsbuch weiterzulesen und nur das zu essen, worauf ich richtig Lust habe. Sonntagssofatage sind ganz besondere Tage, denn man darf all das ausleben, was im Alltag sonst nicht so gutgeht: faulenzen, das Telefon abschalten, an nichts denken und alles essen. Das Beste ist, den Schlafanzug einfach den ganzen Tag anzubehalten, denn er wird von Stunde zu Stunde gemütlicher. Dieses Gammeloutfit ist eine stille Rebellion gegen all die Hektik da draußen. Es folgt ein leidenschaftlicher Tag des Nichtstuns und des Seins. Und als ich am Montagmorgen unter der Dusche stehe, freue ich mich auch wieder darauf, richtige Klamotten anzuziehen und voller Energie durchzustarten.

🐚 Verbring einen ganzen Tag im Bett oder auf dem Sofa.

FLOHMARKTFINDEREI

Es ist Samstagmorgen. Normalerweise könnte man ausschlafen – wenn man nicht diese Flohmarktleidenschaft hätte. In der warmen Jahreszeit gibt es einmal im Monat einen ganz besonderen Krempelmarkt in der Stadt, den man sich als Trödelfan auf gar keinen Fall entgehen lassen darf. Der Wecker klingelt zu einer unmenschlichen Zeit und selbst der Hund schaut verkrumpelt aus der Ecke und kann gar nicht glauben, dass man freiwillig um diese Uhrzeit aufsteht. Ich bin sofort hellwach und stehe schon mit der kribbeligen Vorfreude auf, die mich immer begleitet, wenn ich an all die Geschichten denke, die auf mich warten.

Es wimmelt schon auf dem Platz, als ich am Ort des Geschehens ankomme. Händler gestikulieren wild und die Käufer reden, handeln, staunen und schlendern durch die vielen Gänge, die sich wie ein riesiges Labyrinth auf dem großen Gelände schlängeln. Es gibt verschiedene Arten von Flohmarktgängern und ich liebe es, sie zu definieren. Der Schlenderer: Er kommt nur, weil es etwas zu sehen gibt. Er hat keinerlei Kaufabsichten, sondern ist nur neugierig. Der Schnäppchenjäger: Vollgepackt mit erstandenem Kram wankt er durch die Reihen, um noch mehr abzustauben. Der Professionelle: Er hat Ahnung vom Antikhandel und lacht sich ins Fäustchen, was Hinz und Kunz zu unfassbar günstigen Preisen verscherbeln. Ich bin wahrscheinlich eine Mischung aus allem. Ich liebe es, stundenlang von Stand zu Stand zu huschen, mir die Verkäufer anzuschauen, einen Plausch zu halten und vor allem in all die alten Geschichten der schönen Dinge abzutauchen. Ich lese Postkarten von wildfremden Menschen, die seit Jahrzehnten verstorben sind, finde tolle Klamotten aus vergangenen Zeiten und lasse mich von antiken Möbeln inspirieren. Mit vollem Herzen, vielen neuen Ideen und garantiert nie mit leeren Händen gehe ich gegen Mittag wieder nach Hause.

🐚 Geh mal wieder auf einen Flohmarkt.

EINE KONSERVE GLÜCK

Schule, Arbeit, Einkaufen, Kinderzirkus, Hausaufgaben, Geschäftsreisen, Handballtraining, Reiterhof … Im hektischen Alltag fällt es mir manchmal schwer, innezuhalten, zu genießen und dankbar zu sein. Alleine, aber auch gerade zusammen mit meinen Kindern. Wir haben uns deshalb angewöhnt, Momente auf Schnappschüssen festzuhalten. Mit der Kamera, dem Handy oder Tablet, was gerade zur Hand ist. Diese stellen wir alle paar Monate in Fotobüchern zusammen. Sie mit etwas Abstand zusammen mit meinen Kindern anzugucken, wärmt mir das Herz.

Wir denken gemeinsam an die Erlebnisse – und wenn die eigene Erinnerung durch die Eindrücke von heranwachsenden Kindern ergänzt wird, ergibt sich manchmal ein völlig neues Bild: Der Wochenendausflug mit dem Bulli war der beste Urlaub aller Zeiten und der gefundene Stein der liebste Schatz? Ostern im neuen Haus viel schöner als Geburtstag und Weihnachten zusammen? Und die Feuerstelle auf dem Grundstück die beste Erfindung eines Gartens?

Solche Gespräche helfen mir, die Prioritäten im Leben zu sortieren. Sie sind meine Anstöße zum Dankbarsein, Lachen, Staunen und Zuversicht schöpfen. Wie eine Konserve Glück auf Papier.

– Stefanie Bilen

❋ Halte kleine Lieblingsaugenblicke auf Bildern fest und erstelle eine Collage des guten Lebens.

ÜBER ALLE GRENZEN HINWEG

Das Telefon klingelt und die deutsche Botschaft aus Thailand ist am Apparat. Ich bin etwas verdutzt und versuche meine Gedanken zu ordnen, während ich der knarzenden Leitung und der freundlichen Stimme am anderen Ende der Welt lausche. Das Crown Property Bureau aus Bangkok wünscht sich Informationen zu Glücksexperten aus Deutschland. Ich freue mich, weiterhelfen zu können, und sende

ihnen meine Kontakte aus Wissenschaft und Politik zu. Ein paar Tage später klingelt es wieder. Sie bedanken sich. Aber eigentlich wollen sie nach Deutschland kommen und genau mich kennen lernen. Ich schlucke und lasse mir meine Nervosität nicht anmerken. Aber klar doch! Und in Gedanken ergänze ich: Nichts leichter als das … In zweieinhalb Wochen kommen sie. Jetzt verschlucke ich mich. Welche Riesenchance, was für eine Herausforderung! Ich muss sagen, dass ich das Gefühl des kalten Wassers irgendwie mag und immer wieder gerne hineinspringe. Wie war das mit der Komfortzone? Die verlasse ich nun garantiert! Keine drei Wochen später steigen über 50 Thailänder dieser Delegation aus dem Bus und ich darf sie im Mannheimer Schloss begrüßen. Räumlichkeiten, Verpflegung, Technik – all das musste innerhalb kürzester Zeit auf die Beine gestellt werden. Ganz abgesehen davon, dass ich bis dahin noch keine Materialien oder meine Präsentation auf Englisch hatte. Da sitzen sie nun vor mir mit neugierigen Blicken, gezückten Fotoapparaten und schreiben wie wild mit, während ich von diesem besonderen Ministerium berichte. Sie fragen mir Löcher in den Bauch, sind fasziniert von dem Glück, der deutschen Gastfreundschaft und vor allem von den Gummibärchen. Entgegen der thailändischen Zurückhaltung werde ich innig geherzt. Abends habe ich Muskelkater vom Lachen und höre meinen Vater in Gedanken sagen: »Geht nicht, gibt's nicht!« – Recht hat er! Sich selbst immer wieder neu kennenzulernen und zu überraschen macht einfach Spaß!

🪻 Sag spontan Ja zu einer neuen Chance.

WIPFELGLÜCK

Schon als ich die wackelige Leiter hinaufklettere und meine Höhenangst völlig vergesse, komme ich aus dem Staunen nicht mehr raus.

Das alte Holz knarzt unter meinen nackten Füßen und der Geruch des Blättermeers fasziniert mich. Es ist das schönste Exemplar, das ich je gesehen habe. Ich bin verliebt in dieses Baumhaus und will hier nie wieder weg. Ich verbringe hier einige Tage und lausche den Tieren, bewege mich

mit den wankenden Ästen und atme die pure Waldluft. Man wird in einer eigenartigen Weise eins mit dem Baum und befindet sich in einer völlig anderen Welt. Die neue Perspektive von hier oben öffnet den Blick für Neues und es fällt einem so leicht wie nie, einfach zu sein.

🐚 Besuch ein Baumhaus oder bau selbst eins.

DANKE FÜR DIESEN TAG

Als Ökonom arbeite ich seit langem fachübergreifend auf dem Gebiet der Glücksforschung. Ich habe dabei auch für mein eigenes Leben viel gelernt. Die Glücksforschung beschäftigt sich mit dem subjektiven Wohlbefinden, wobei es sowohl um das emotionale als auch um das kognitive Wohlbefinden geht. Bei Ersterem kommt es auf das Verhältnis von positiven zu negativen Gefühlen im Tagesdurchschnitt an – man sollte mindestens 3:1 anstreben, bei Letzterem geht es um die generelle Lebenszufriedenheit. Will man das emotionale Wohlbefinden steigern, sollte man einerseits bewusst mit negativen Gefühlen umgehen. So hat es beispielsweise keinen Sinn, sich aufzuregen, wenn man im Stau steht. Andererseits sollte man auch bewusst positive Gefühle stärken. Um die Welt positiver wahrzunehmen, eignet sich ein Dankbarkeitstagebuch, in dem man zwei bis drei Mal die Woche jeweils drei Begebenheiten einträgt, für die man am Tag dankbar war. Diese positiven Dinge müssen nicht riesig sein, es genügen alltägliche Dinge des Lebens, über die wir uns gefreut haben. Als ich für einen Vortrag nach Köln reiste, war es schon dunkel, sodass der Kölner Dom beleuchtet war. Als ich auf den Bahnhofsvorplatz kam, war ich ganz ergriffen vom Anblick des in den Himmel ragenden Doms. An einem anderen Tag sah ich am Nürnberger Hauptbahnhof eine Flüchtlingsfamilie mit mehreren Kinder ratlos stehen. Ich ging auf sie zu und fragte, ob ich helfen könne. Sie hatten eine Frage zu einer Zugverbindung und ich zeigte ihnen den Infostand der Bahn. Sie waren ganz erleichtert und ich hatte ein sehr gutes Gefühl, weil ich ihnen helfen konnte. Beide Begebenheiten habe ich in meinem Glückstagebuch festgehalten. Immer wenn ich daran denke, fühle ich mich gut und tue damit auch gleich etwas für mein emotionales Wohlbefinden. Erinnerungen zählen hier nämlich auch.

– Prof. Dr. Karlheinz Ruckriegel (Professor für Volkswirtschaftslehre, interdisziplinäre Glücksforschung, Technische Hochschule Nürnberg)

🪶 Schreib regelmäßig Dinge auf, für die du dankbar bist.

STRAHLENDE AUGEN

Die kleinen Glücksspielkärtchen gehen gerade durch die Reihen der Zuschauer. Jedes Mal ist es eine Riesenfreude, diese während eines Vortrags als »Hausaufgabe« zu verteilen. Die Leute schauen neugierig, lachen, tauschen sich aus, suchen die besten Kärtchen raus und können sich nicht entscheiden. Erinnerungen werden geweckt, Anekdoten geteilt, zum Nachmachen ermutigt ... Diesen kleinen Glücks-

Reminder nehmen sie mit nach Hause, um sich auch morgen noch daran zu erinnern, dass sie selbst etwas für ihr Glück tun können. Der Vortrag hat wieder einmal großen Spaß gemacht und viele wache Augen sind mir gefolgt. Besonders aufgefallen ist mir ein älterer Herr in der ersten Reihe. Er schaute die ganze Zeit skeptisch, fast schon grimmig. Er schrieb fleißig mit und ließ sich nicht beirren. Das verunsicherte mich und als ich zur Fragerunde aufrufe und er sich als Erstes meldet und auch gleich aufsteht, mache ich mich gefasst. Er hält das Mikrofon fest und holt tief Luft. Ich mit ihm. Und plötzlich sprudelt er los, wie ansteckend meine Begeisterung sei und wie sehr man sie mir an den strahlenden Augen ansehe. Ich bin sprachlos und stammele so etwas Ähnliches wie ein Dankeschön. Wieso bin ich nur von etwas Negativem ausgegangen? Wieso habe ich an mir selbst gezweifelt? Dieses von Herzen kommende Kompliment begleitet mich noch den restlichen Abend und auch in den nächsten Tag hinein.

🐚 Lerne, Komplimente anzunehmen.

SCHNECKENKUNDE

Es ist 08:02 Uhr, die Telefonkonferenz ist für 08:30 Uhr angesetzt. Der Geschäftspartner in Asien muss vor Feierabend auf den aktuellen Stand des Projekts gebracht werden. Auf meinem Smartphone laufen die ersten E-Mails ein, die ich checke, während wir in die Straße der Tagesmutter einbiegen. Ich steige aus, renne ums Auto, öffne die hintere Tür und schnalle meinen knapp zweijährigen Sohn von seinem Sitz ab. Ich setze ihn mir auf den einen Arm, seine Tasche über den anderen. Ich trage ihn über die Straße, setze ihn vor dem Eingang des kleinen Hauses der Tagesmutter ab. Ich drücke die rostige Klinke des alten Gartentors nach unten und er schiebt sich durch das halboffene

Tor. Ich bin mit den Gedanken bei der Agenda für die Telefonkonferenz. Plötzlich bleibt mein Sohn stehen und schaut auf den Boden. »Papa. Schnecke.« Auf dem Boden kriecht eine Schnecke in Zeitlupe über den schmalen Gartenweg. Er geht in die Hocke, zeigt mit seinen kleinen Fingerchen auf das Tierchen. Ich werde ungeduldig. »Komm schon, weiter geht's!« Der kleine Mann regt sich nicht, sondern starrt fasziniert auf die Schnecke, die eine schleimige Spur nach sich zieht. »Papa. Schnecke.« Und plötzlich starre ich und mir wird klar, dass dieser Moment wichtig ist. Für ihn. Für mich. Seine Augen leuchten. Die Zeit bleibt stehen. Sie hat keine Relevanz mehr. Sie ist egal, weil es in diesem Moment nur darum geht, zu entdecken und zu staunen. Wie er über dieses Tierchen staunt. Ich staune über mich. Darüber, dass ich bis vor ein paar Sekunden das Staunen vergessen hatte. Wie es sich anfühlt, eine Entdeckung zu machen und sich dafür Zeit zu nehmen. Ich bin glücklich.

– René Kaufmann

🌼 Lerne, Schnecken zu beobachten.

EIN STRÄUSSCHEN GLÜCK

Jedes Mal, wenn ich als Kind bei meiner Großmutter übernachten durfte, machte ich mich über das Gänseblümchenmeer auf der gegenüberliegenden Wiese her. So weit das Auge reichte, blühten diese fröhlichen weißen Blumen. Sie symbolisieren so viel Freude, Genügsamkeit und Frische, dass sie seit jeher meine Lieblingsblumen sind. Was braucht man mehr als ein Gänseblümchen, das man sich hinter das Ohr oder in das Knopfloch steckt und den ganzen Tag Freude daran hat. Schon damals sammelte ich sie mit großem Eifer, um mit einem ganzen Korb kleiner Sträußchen in den Straßen rumzulaufen und sie zu verschenken. Von Tür zu Tür zog ich – mal allein, mal mit kleinem Bruder oder meinen Cousins – um zu klingeln und den Leuten einen der krumm gebundenen Blumensträuße in die

Hand zu drücken. Manchmal gab es sogar eine Mark oder etwas Schokolade, aber darum ging es nicht, die strahlenden Augen der Beschenkten ließen mich immer wieder zur Wiese zurückgehen, um neue Blümchen zu pflücken.

Auch heute kann ich kaum an Gänseblümchen vorbeigehen und wenn ich mir selbst ein kleines Sträußchen schenke, nehme ich meist noch ein zweites mit, um es einem Nachbarn vor die Tür zu legen.

🐚 Verschenke selbstgepflückte Blümchen.

VOM EINZELNEN ZUM GANZEN

Einer Aussage von Aristoteles folgend, trifft seine Analyse des Glücks aktuell die Situation unseres Landes, Europas und der gesamten Welt: »Das Glück gehört dem Selbstgenügsamen.« Damit ist der Selbstbezug auf jeden einzelnen Menschen dargestellt. Jeder Mensch ist in sich der Ausgangspunkt zum Glück, ganz nach Buddha: Es gibt keinen Weg zum Glück, Glück ist der Weg! Es ist zudem eine Zielorientierung und Wertung des Verhaltens im Blick auf das »Genügsame«, und das in einer Zeit von überbordendem Reichtum weniger und gleichzeitigem wirtschaftlichen und sozialen Lebenskampf vieler. An der Vielzahl von Diskussionen um die Begriffsfassung »Glück« hat sich auch die Enquete-Kommission »Wachstum, Wohlstand, Lebensqualität« des Deutschen Bundestages beteiligt und kam in diesem Themenbezug zu keinem lösungsorientierten Ergebnis. Somit fand dieser wichtige Blick auf den genannten Selbstbezug, also auf jeden einzelnen Menschen, kaum Eingang in die grundsätzlich wichtige und wegweisende Arbeit der Kommission.

Meine Erfahrung zeigt mir, dass Glück eine Vielzahl von Momenten ist, die bei mir Mut, Lebenskraft und Lebensfreude bedeuten. Dies ist somit eine Möglichkeit, dass wir aus jedem Menschen heraus und somit in der Summe als Gesellschaft auch Probleme lösen können, die uns begegnen. »Jeder ist seines Glückes Schmied« sagt ein Sprichwort und es kann im Kontext auch bedeuten, dass – wenn jeder sich in seinem Umfeld um das Gute und Akzeptierbare kümmert und sich nachhaltig positiv verhält – wir dann gemeinsam alle Herausforderungen erfolgreich bearbeiten, die in jedem von uns und in der Gesellschaft liegen, heute und in Zukunft.

– Prof. Hanns-Michael Hölz (Mitglied der Enquete-Kommission »Wachstum, Wohlstand, Lebensqualität« des Deutschen Bundestages)

🐚 Verschönere jemandem den Tag.

KLEINER MUTMACHER

Seit langem kämpfe ich schon mit Höhen- und Flugangst. Immer wieder versuche ich an meine Grenze zu gehen, in der Hoffnung, dass es sich doch relativiert. So zum Beispiel auch an diesem warmen Sommerwochenende, das ich in einem Kletterwald verbringe. Schon als mir die Gurte angelegt werden, frage ich mich, warum ich das hier schon wieder mache. Ich muss es mir wohl wieder einmal selbst beweisen. Ich fange langsam an. Kategorie eins. Als mich die Knirpse reihenweise überholen, merke auch ich, dass es gar nicht so schwer ist, über ein paar Baumstämme zu klettern. Kategorie zwei. Hier geht es definitiv schon wackeliger zu, aber ich komme klar. Alles ist noch in Sicht- und Reichweite. Heimlich triumphiere ich, als ich am Ziel dieser Etappe ankomme. Doch was nun in Kategorie drei auf mich wartet, ist genau das,

wobei ich weiche Knie bekomme. Schwindelerregende Höhe, die Leute am Boden erscheinen unnatürlich weit weg und mir schwirrt es vor den Augen. Das Ziel ist es, an einer Seilbahn eine Schlucht zu überqueren, um sich gegenüber in ein Netz zu werfen. Ich stehe auf der Plattform und umarme innig den Baum, der mir noch Halt gibt. Hinter mir staut es sich schon und die nächste Gruppe wartet, sie kann mich nicht überholen, weil ich schon eingerastet bin. Und ich raste aber gleich aus. Zweimal trete ich an die Kante, kriege es aber nicht hin, ins Leere zu springen. Plötzlich steht ein Mädchen hinter mir. Mit ruhiger Stimme sagt sie zu mir: »Sie schaffen das.« Ich drehe mich um, sie lächelt zuversichtlich. Ich springe. Vor Glück oder Todesangst schreiend komme ich am anderen Ende an und sie winkt mir zu. Ich habe es geschafft und das Einzige, was mich nun noch beschäftigt, ist, dass sie mich tatsächlich gesiezt hat …

🐚 Mach jemandem Mut und hilf ihm dabei, über sich hinauszuwachsen.

REGENORCHESTER

Wie jedes Jahr ist es ein besonderer Moment, das erste Mal das klemmende Schloss aufzuschließen, das Tor aufzumachen, welches wild mit Pflanzen bewachsen ist und die Füße auf das Gras zu setzen.

Ich habe mich auf unser Grundstück am See zurückgezogen, wo mich der alte Wohnwagen zu jeder neuen Saison geduldig wieder empfängt und sich freut, dass nun für einige Monate wieder Leben einzieht. Ganz alleine, ohne Handy, ohne Internet und nur mit mir und meinen Gedanken sitze ich hier nun am See. Manchmal schaut ein Hase oder eine Ente vorbei. Zusammen mit dem Sonnenuntergang verziehe ich mich in den warmen Wagen. Das Bett knarzt und ist hart, für mein Empfinden ist es aber das schönste Bett der Welt. Die Bettlaken riechen nach Kindheit, wahrscheinlich ist es aber eher der

Geruch eines langen Winters, der noch in den Federn hängt. Ich lese ein bisschen und schlafe schnell ein – so viel Sauerstoff und die Einsamkeit machen müde. Wenig später wache ich wieder auf und horche in die absolute Finsternis hinein. Erst ganz leise, dann immer regelmäßiger und stärker prasselt es auf das Dach. Es regnet. Jeder Tropfen macht ein unglaublich schönes und vertrautes Geräusch und sie alle zusammen zaubern ein ganzes Regenorchester, das mich mit einem Gefühl der Geborgenheit und vieler guter Erinnerungen wieder einschlafen lässt.

🐚 Lausche dem Regen.

GLÜCK GESTALTEN

Vor einiger Zeit sprach ich mit dem Psychologen und Kreativitätsforscher Mihály Csíkszentmihályi. Von ihm stammt das Konzept des Flows, also jenes mentalen Zustands, in dem man völlig, bis zur Selbstvergessenheit in einer Aktivität aufgeht. Gefragt nach seinem letzten Flow-Erlebnis, antwortete er mir, dass er täglich viele kleine solcher Momente habe. Entsprechend alltäglich waren die Beispiele, die er mir nannte, und mir wurde klar, dass seine Flows dem sehr nahekommen, was ich als Glücksmoment bezeichnen würde. Es geht um zeitlose Momente und die kleinen Dinge im Leben. Es geht darum, sie wahrzunehmen, zu schätzen und ihnen Bedeutung zu geben. Diese Augenblicke machen uns glücklich, weil sie uns deutlich machen, dass wir am Leben sind. Und das Leben an sich ist bereits ein Glücksfall, wenn auch kein zeitloser Zustand dauerhaften Glücks. Treffe ich im Leben die richtigen Entscheidungen, werde ich glücklich sein? Ich habe für mich eine vorläufige Antwort gefunden, als ich mich dafür entschieden habe, einen sicheren Arbeitsplatz in einem erfolgreichen Konzern gegen einen persönlichen Erkenntnisprozess einzutauschen. Gemeinsam mit anderen habe ich mich auf den Weg gemacht, um von Künstlern zu lernen, wie sich unsere Gesellschaft zum Besseren verändern lässt. In bis heute über einhundert Gesprächen haben wir herausgefunden, dass Künstler eine ganz besondere Haltung entwickeln. Ihre Elemente sind fortwährende Neugier, starke Überzeugung, große Leidenschaft, Widerstandsfähigkeit und Transzendenz im Sinne einer Unterordnung des Egos unter die Sache. Sie ist Ausgangspunkt und zugleich Ziel einer Reise, auf der ich mich jetzt selbst befinde, die sich nicht planen lässt und deren Ergebnis ich nicht kenne. Sie ist Ausgangspunkt für persönliche Erkenntnisse und Voraussetzung für bedeutungsvolle Ergebnisse, für mich die wesentlichen Elemente des Lebensglücks.

– Dirk Dobiéy (Age of Artists)

🐚 Mach etwas, was dich die Zeit vergessen lässt.

DAS SEUFZEN DES WINTERS

Ich gestehe es ganz offen: Ich mag Winter nicht. Nein, ich bin eindeutig ein Sommertyp. Ich mag keine Kälte. Ich mag keine Dunkelheit, die nur von einer kurzen Helligkeitsphase am Mittag unterbrochen wird. Ich mag keine Nässe, die sich durch die Kleidung bohrt und den ganzen Körper dauerfrösteln lässt. Ich mag keine nackten Bäume, die in jedem Winter so wirken, als wären sie gewaltsam ihrer Kleider beraubt worden. Aber ich muss auch gestehen: Der Winter hat durchaus einige schöne Seiten. Aber wie das mit wahrer Schönheit so ist, sind jene auch sehr selten. Zumindest bei uns.

Da ist das Funkeln der unzähligen Eiskristalle einer Schneedecke in der Sonne. Oder die helle Schneelandschaft bei Vollmond, durch die Schattensilhouetten tanzen. Oder die zarte Spur einer Katze, die über eine jungfräuliche Schneedecke gehuscht ist.

Aber das Schönste am Winter kann man nicht sehen. Man kann es nur hören. Es ist das Knarzen des frischen

Schnees unter den Schuhen. Das leise Stöhnen der Flocken bei jedem Schritt, wenn sie sich unter den Schuhsohlen niederducken. Und das mich fast ehrfurchtsvoll einen Fuß vor den anderen setzen lässt, um den Schnee nicht zu reizen, sodass er womöglich den Tonfall seines Seufzens ändert. Diese wunderbare Harmonie aus gleichermaßen anmutigen und mürrischen Tönen. Mit jedem Ächzen der Schneekristalle unter meinen Füßen wandere ich einen Schritt weiter in meine Kindheit zurück, als das Knirschen des Schnees noch zu jedem Winter dazugehörte. Und mit jedem dieser Schritte versöhne ich mich mit dem Winter.

– Gundula Zilm

🐚 Lauf über eine frische Schneedecke und lausche deinen Schritten.

MIT VERSPÄTETEN GRÜSSEN

Es gab eine Zeit, in der hat man über Sänger oder Schauspieler nur aus Zeitschriften erfahren. Wenn man also für jemanden geschwärmt hat, musste man sich mindestens eine Woche lang gedulden, bis man nach der Schule zum nächsten Kiosk laufen und sich informieren konnte, was es Neues gab. So kam es, dass ich jeden Donnerstag mit ein paar  Pfennigen in der Tasche loslief und mich nachmittags mit meiner besten Freundin verabredete, um die hauchdünnen Magazinseiten zusammen zu durchforsten. Bei einer heißen Tasse Kakao kam die Idee, doch mal einen Brief an die angegebene Autogrammadresse eines Schauspielerschwarms zu schreiben. Viel Liebe steckte in den handgeschriebenen Zeilen, deren Linien ich natürlich wieder wegradierte, nachdem ich sie fein säuberlich gezogen hatte, um auch bloß ordentlich zu schreiben. Wäre sonst ja auch megapeinlich! In einem farbigen Umschlag schickte ich ihn auf seinen Weg, in der

Hoffnung, dass er so auch auffiel in der Fanpostmasse. Tage und Wochen vergingen und ich vergaß den Brief. Eines Tages ruft mich meine Mutter an und berichtet, dass ein Brief für mich angekommen sei. Ich bin schon lange ausgezogen und wundere mich, was es sein könnte. Bei meinem nächsten Besuch falle ich aus allen Wolken. Es ist tatsächlich ein Antwortbrief auf meine kindlichen Liebesschwüre. Ich kann mich kaum noch halten und muss herzhaft lachen, als ich die Zeilen lese, in denen mein Kinderschwarm sich entschuldigt, dass es »etwas länger« gedauert hat.

🐚 Schreib einen Liebesbrief.

KNACK UND WEG

Eine riesige dampfende Schüssel steht vor mir, bis zum Rand gefüllt mit frisch gekochtem Schokoladenpudding. Er wabert noch und ist nicht bereit, schon gegessen zu werden. Abgesehen davon, dass man sich den Mund verbrennen würde, hat er noch lange nicht die richtige Konsistenz, geschweige denn diese unglaublich tolle Schokoladenhaut. Ich stelle die heiße Schüssel raus an die frische Luft und renne immer wieder ungeduldig hin, um zu prüfen, wie weit er ist. Erst als der Pudding den Wackeltest besteht und die Oberfläche sich nicht mehr rührt, ist er reif! Der große Löffel wird vorfreudig gezückt und drückt sich sanft in die dunkelbraune Oberfläche, die leicht nachgibt. Es macht ganz leise »knack« und schon sinkt der Löffel in die warme Schokocreme. Es dampft mir ins Gesicht und es fällt mir schwer, ein Ende zu finden. Erst als das letzte bisschen Haut weggelöffelt ist, schaffe ich es, die Schüssel in den Kühlschrank zu stellen. Eigentlich wäre das der Nachtisch für heute Abend gewesen – jetzt muss ich wohl oder übel noch einen kochen.

🐚 Koche Schokoladenpudding.

DIE WELT IST SCHÖN

Gedanken geistern durch meinen Kopf. Ich spüre Stress. Mein Kopf schmerzt ein bisschen, mein Körper ist verkrampft. Mein Kopf dreht sich um Geld, um Projekte, darum, ob meine Freundin wohl sauer ist, weil ich auf ihre letzte Nachricht nur mit einem Smiley geantwortet habe. Neben mir brausen die Autos vorbei. Ein paar Autos hupen, dann rennt ein Mann an mir vorbei und rempelt mich an. Er dreht sich kurz um und schreit: »Geh doch weg, du Penner!« »Berlin …«, denke ich, schüttele leicht den Kopf.

Dann drehe ich mich um, gehe ein paar Schritte rückwärts, schaue dem Menschen hinterher. Dann muss ich grinsen. Ich verfalle in einen leichten Galoppschritt und fühle mich ein bisschen wie in der Grundschule im Sportunterricht. Ich hüpfe – meine Umwelt in mich aufsaugend – den Kiez auf dem Bürgersteig entlang.

Mein Blick schweift hoch zu den schönen Balkonen, der Architektur, ich nehme den Baum neben mir wahr, der frisch gepflanzt und sorgfältig umzäunt bald noch mehr Grün in diese Straße bringen wird. Ich rieche einen leicht süßlichen Duft aus einer türkischen Bäckerei strömen.

Eine Frau mit Kopftuch kommt sanft lächelnd mit einer Tüte in der Hand heraus. Während die Tür hinter ihr zufällt, ruft sie fröhlich so etwas wie »Tschüss« auf Türkisch zurück in den Laden. Mir schenkt sie beim Verlassen des Ladens ein breites Lächeln.

Ich stolpere fast, hüpfe nur noch leicht weiter, schaue auch der Frau kurz hinterher, wie sie in die entgegengesetzte Richtung davon läuft.

Um die Ecke sehe ich spielende Kinder. In meinem Kopf entfaltet sich ein Gedanke: Die Welt ist schön. Ich muss es nur sehen.

– Ben Paul

🪶 Mach vor Freude einen Luftsprung.

WOHNZIMMERKONZERT

Es ist eine neue Nachbarin in unser Haus gezogen. Ich habe sie noch nicht persönlich getroffen, sondern weiß nur, dass sie über die Sommermonate zur Zwischenmiete wohnt. Weder im Hinterhof noch im Flur oder auf der Straße begegne ich ihr, das Einzige, was ich mitbekomme, ist ihre tolle Musik, denn sie spielt regelmäßig Cello. Als ich es das erste Mal höre, bin ich verwundert, woher es kommt. Obwohl ich zwei Stockwerke drüber wohne, höre ich es sehr klar und deutlich. Ich öffne weit die Fenster und lasse die warme Luft zusammen mit den beruhigenden Klängen in die Wohnung herein. Es kann nur sie sein, die so wunderbar spielt, denn noch nie zuvor habe ich hier diese tollen Melodien gehört. Ich freue mich über dieses spontane Sommerkonzert in meinem Wohnzimmer und lasse es mir nicht nehmen, ihr einen Zettel an die Wohnungstür zu hängen, auf dem ich mich für die bezaubernde Musik bedanke.

🐚 Leg einem Nachbarn eine kleine Aufmerksamkeit vor die Tür.

VON SCHÄRFE UND SELBSTVERSTÄNDNIS

Warum hilft es nicht, nach einem scharfen Essen Wasser zu trinken, um die Schärfe verschwinden zu lassen? Weil der Stoff, der in scharfen Paprikas enthalten ist, nicht wasserlöslich, sondern fettlöslich ist. Also ist es besser, Joghurt oder Milch zu sich zu nehmen, um die Schärfe zu lindern.

Was hat das mit dem Glück zu tun? Als ich dies zum ersten Mal hörte, machte es in mir »klick«. Dinge passten plötzlich zueinander. Die Welt hatte ein kleines Stück mehr Sinn und Zusammenhang. Das machte mich glücklich. Ich lief tagelang mit einem Grinsen durch die Gegend und erzählte vielen Menschen davon. Die Erinnerung an den Moment der Erkenntnis prägt mich heute noch immer.

Seitdem ich mich professionell mit Glück und Zufriedenheit beschäftige, finde ich solche Momente immer wieder für mich und mit anderen zusammen. Ich verstehe mich selbst besser und das Verhalten anderer ergibt einen Sinn für mich. Eine Lehrerin und Teilnehmerin meiner Weiterbildung sagte zum Beispiel einmal: »Seit dem Kurs sehe ich meine Schüler mit anderen Augen. Ich verstehe, warum sie ärgerlich oder glücklich sind. Die Erkenntnis macht mich oft glücklich. Es macht wieder Freude, Lehrerin zu sein.« Bei solchen Geschichten läuft mir ein Gänsehautschauer über den Körper und ich fühle mich mit anderen verbunden. Wenn solche Geschichten erzählt werden, geht ein Lächeln über die Gesichter der Zuhörer. Sie blicken ein wenig verträumt, nach innen gerichtet oder lachen. Eine wunderbarere Momentaufnahme des Glücks.

– Dominik Dallwitz-Wegner (Redner und Autor im Bereich der Glücksforschung)

🐚 Sammle deine persönlichen Aha-Momente des Lebens.

KOPFKINO

Manchmal geschieht es einfach und mein Kopfkino macht mit mir, was es will. Dann versetzt es mich urplötzlich in vergangene Situationen zurück, ich muss an schlechte Witze, Wortspiele oder an kleine Missgeschicke denken. Und wenn es nicht bei einem breiten Grinsen bleibt, pruste ich auch mal gerne einfach so raus: zusammenhanglos und meist auch etwas zügellos. Ich kann einfach nicht anders und da kann es auch mal passieren, dass ich währenddessen an der Supermarktkasse oder im Stau stehe. Die Leute um mich herum schauen meist erst verwirrt, aber steigen dann oft grundlos in mein Lachen ein. Wenn ich zu Hause meinen heimlichen Kopfkino-Komödien nachgehe und alleine ausgiebig vor mich hin kichere, bin ich dann diejenige, die den Kopf schüttelt und über mich selbst lachen muss – wenn ich mich dabei erwische.

🐚 Hänge deinen Tagträumen nach.

NACH REGEN KOMMT SONNE

Bei der Frage nach dem Glück, schießen mir tausend Bilder in den Kopf: Das Glitzern der Sonne auf der Wasseroberfläche, Fahrtwind, das grüne Ampelmännchen, das Geräusch, wenn man eine Getränkedose öffnet, eine Hochzeitseinladung zwischen all den Rechnungen im Briefkasten, die Lieblingsstelle im Lieblingslied, ein Blick, ein Kuss, drei Worte. Ich glaube, dass das Glück mich immer verfolgt, auch wenn ich manchmal zu schnell unterwegs bin oder ich seine Verkleidung nicht erkenne. Wie an dem Tag, als ich auf der Vespa auf dem Weg zur Arbeit bin und bemerke, dass mir mein Geldbeutel während der Fahrt aus der Tasche gefallen sein muss. Meine Vespa fährt 50, ich bin aber auf 180. Hass, Wut und Verzweiflung ergeben einen dissonanten Dreiklang. EC-Karte sperren lassen, Führerschein und Personalausweis neu beantragen und bei der Krankenkasse anrufen – all diese zeitraubenden Dinge habe ich im Kopf, während ich meinen Weg nochmal abfahre. Nach fast einer Stunde erfolgloser Suche habe ich meine Hoffnung schon aufgegeben. Bis ich am Ende tatsächlich etwas finde, nämlich die nüchterne Erkenntnis: Das Ding ist weg. Warum ich mich an diesen Moment noch so gut erinnere, ist die Tatsache, dass ich in diesem Moment des vermeintlichen Unglücks merkte, dass ich die Wahl habe: Soll ich mich jetzt den ganzen Tag über meine Dummheit ärgern oder gehe ich die kommenden Aufgaben mit einem Lächeln und einer gewissen Leichtigkeit an? Die Antwort war klar und die Umsetzung erschreckend einfach. Die erste halbe Stunde musste ich mich zum Lächeln zwingen, danach kam die gute Laune tatsächlich zurück – es wurde ein richtig schöner Tag. Und es ist sogar wissenschaftlich bewiesen, dass künstliches Lächeln auch die Glückshormone fördert! Seitdem weiß ich: Ich habe die Wahl und die Gewitterwolke über meinem Kopf lässt sich manchmal ganz einfach vertreiben. Nach Regen kommt Sonne.

– Alexander Link

🌺 Überrede dich selbst zum Lächeln.

EINFACH MAL SETZEN LASSEN

Wenn man sich die gestressten Gesichter auf der Straße ansieht, beschleicht einen schnell das Gefühl, dass viele von ihnen mal wieder eine Pause gebrauchen könnten. So entsteht auch die Idee zu einer weiteren Weltglückstagsaktion: dem Pausenstuhl. Die Idee dahinter ist, sich einen alten Stuhl zur Hand zu nehmen und ihn attraktiv umzugestalten, sodass er an diesem besonderen Tag in die Freiheit entlassen werden kann, um möglichst viele Menschen zu inspirieren, sich mal wieder zu setzen und runterzukommen. Eine kreative Installation, die dazu anregt, mal wieder eine Pause zu machen. Dem Aufruf des Ministeriums folgend malen, basteln und kreieren viele Leute die buntesten Sitzgelegenheiten. Aus allen Himmelsrichtungen kommen die Stühle herbei, aus dem Keller, von Omas Dachboden oder vom Flohmarkt – ganze Kindergärten und

Behindertenwerkstätten beteiligen sich und so entstehen bundesweit viele Hundert Stühle mit dem Aufruf »Einfach mal setzen lassen – Für mehr Pausen im Alltag«.

Auch ich bemale fleißig einen alten Stuhl, der ungewollt beim Sperrmüll stand. Es wird ein Stuhl, der Fragen stellt und nachdenklich stimmt, denn ich schreibe so viele große und kleine Fragen des Lebens auf ihn drauf, bis kein Zentimeter mehr frei ist. An einer Bushaltestelle findet er seinen Platz und es ist eine Riesenfreude, all die neugierigen Blicke zu sehen. Er wird fotografiert und bestaunt, die wartenden Menschen diskutieren, grübeln und manchmal traut sich auch jemand und setzt sich hin. Am nächsten Tag ist er verschwunden und ich freue mich, dass ihn jemand so schön fand, um ihm einen neuen Platz zu schenken.

🪷 Gestalte einen Stuhl so, dass er andere zu einer Pause einlädt.

GESCHMACKSACHE

Es ist meine erste Begegnung mit dem Buddhismus und es wartet ein langes Wochenende im Wald auf mich. Von niemand Geringerem als von Mitgliedern des bhutanischen Gross National Happiness Centres bin ich zu einem Retreat in Deutschland eingeladen worden, um Erfahrungen zu sammeln und sich auszutauschen. Vollbepackt mit Material komme ich gehetzt an. Und lerne sogleich meine erste Lektion. Überladen und mit der Zeit im Nacken stoße ich mitten in eine Meditation und bin wohl in diesem Moment das perfekte Sinnbild des gestressten Westeuropäers. Ein bisschen muss ich schmunzeln und versuche so leise wie möglich meine Sachen abzulegen, um niemanden zu stören. Ich setze mich mit auf die Wiese und atme erst einmal durch. Atmen scheint wichtig zu sein. Auf der Tagesordnung stehen Dinge wie »Just being«, »Deep breathing« und »Pure relaxation«. Mit einer skeptisch hochgezogenen Augenbraue lese ich mir das durch und frage mich, wie das funktionieren soll. Im Laufe des Tages führe ich tolle Gespräche, bekomme viele Fragen gestellt, stelle meinerseits mindestens ebenso viele, verbringe Zeit in der Stille und im Austausch. Immer in Berührung mit dem Boden, meine nackten Füße streifen durch das grüne Gras. Besonders faszinierend und zugegebenermaßen anfangs leicht irritierend finde ich die Mahlzeiten. Ganz langsam bedienen sich alle am Buffet. Im Schneckentempo ziehen sie hinaus auf die Wiese, es entsteht ein großer Kreis von Menschen, die auf dem Boden sitzen und schweigend das Essen zu sich nehmen. Manche lächeln, manche schließen die Augen. Ich schaue mich um und weiß nicht so ganz, wohin mit mir. Dann lasse ich mich darauf ein und esse langsam kauend und schweigend mein Essen. Ich habe ganz neue Geschmackserlebnisse und nehme die Mahlzeiten anders wahr als sonst. Die Mischung macht's und ich nehme mir vor, einige der gelernten Lektionen mit nach Hause zu nehmen.

🐚 Iss langsam. Nimm alle Geschmäcke intensiv wahr.

PLANÄNDERUNG

Zugegebenermaßen lese ich nicht überaus viel. Immer wieder hole ich mir spannende Bücher, die mich faszinieren oder in deren Themen ich mich tiefer einfuchsen möchte. Auf meinem Nachttisch

stapeln sich schon die Lektüren, aber nicht immer finde ich die Zeit, die Ruhe und die Muße dazu, sie alle zu verschlingen. Als ich bei meinen Eltern zu Besuch bin, fällt mir ein kleines Buch in die Hände. Sie haben es geschenkt bekommen und erstmal nicht weiter beachtet. Es liegt im Zeitschriftenstapel im Wohnzimmer, als ich es verwundert in die Hand nehme und begutachte. Das ist doch genau mein Thema! Neugierig überfliege ich den Buchrücken und anschließend die erste Seite. Dann die zweite. Ich merke gar nicht, wie ich mich ganz gebannt immer intensiver einlese und mir irgendwann mein Rücken wehtut, weil ich schon ewig dort gestanden und gelesen haben muss. Eigentlich wollte ich noch einkaufen gehen. Planänderung. Ich wickle mich in die Sofadecke ein und mache es mir bequem. Das kleine Buch hat es geschafft. Hier verbringe ich nun die nächsten Stunden und lese es tatsächlich in einem Zug durch. Zeitweise wechseln sich Gänsehaut, Lächeln und feuchte Augen ab, weil ich mich so in dieser Geschichte verliere. Es ist einer der schönsten und ruhigsten Nachmittage, die ich seit langem hatte und ich nehme mir vor, mich nun öfter zurückzuziehen und in fremde Welten abzutauchen.

🐚 Lies mal wieder eines deiner Lieblingsbücher.

LASS UNS QUATSCH MACHEN

06:30 Uhr, der Wecker ruft, die Augen gehen auf. Eigentlich bin ich doch noch mitten im Traum. Oh Mann, wirklich jetzt aufstehen? Da ist er wieder, der Ich-will-jetzt-nicht-Moment!

»Papa? Paaaapa?« Ohne zu zögern bin ich auf den Beinen und gehe zu meinem Sohn ans Bett. Er schaut mich an. Stille. Zack und ich habe ein Kissen im Gesicht mit einem schadenfrohen Lachen in meinen Ohren. »Lass uns Quatsch machen!« Und schon ist die Kissenschlacht in vollem Gange. Von Müdigkeit keine Spur mehr! Wir lachen und albern rum. Pure Freude, Ausgelassenheit und voller Glück, im Hier und Jetzt zu sein.

Der Tag kann kommen. Ein einziger kurzer Moment hat es geschafft, in mir einen Ruhepol aufzubauen, auf den ich dankbar immer wieder zurückgreifen kann. Egal, welche Unwägbarkeiten kommen, ich mache die Augen zu, sehe die strahlenden, lachenden Augen vor mir und erinnere mich wieder an das, was wirklich zählt.

Wir Erwachsenen können von den Kindern in Sachen Lachen viel lernen. Sie lachen im Durchschnitt 400-mal am Tag, im Laufe der Zeit lachen wir aber nur noch 15-mal als Erwachsene. Wo sind all diese kleinen Momente hin? Charlie Chaplin hatte ja so Recht, denn ein Tag ohne Lächeln ist wirklich ein verlorener Tag.

– Udo Erdmann

🪬 Beginne jeden Tag mit einem Lächeln.

GEMEINSAM LEBEN LERNEN

Nach vielen Jahren gehe ich wieder in eine 5. Klasse. Zu Besuch an eine Schule, die »Glück als Schulfach« schon lange praktiziert, genauer gesagt das Programm »Gemeinsam leben lernen«. Über drei Jahre habe ich die Entwicklung der Materialien finanziell und ideell unterstützt, endlich darf ich sie in der Anwendung erleben. Der Schulleiter ist nicht nur ein Namensvetter, sondern auch Bruder im

Geiste. Mit seinem freundlichen Gesicht, den grauen Haaren und der Erfahrung von Jahrzehnten im Schuldienst ist er die Art von Lehrer, die man sich und jedem wünscht. Er empfängt mich und zeigt mir stolz seine Schule, die viel aufgeräumter aussieht, als man es sich für einen »sozialen Brennpunkt« vorstellt. Gemeinsam setzen wir uns in den Stuhlkreis zwischen die Schüler. Mein Blick in die Runde zeigt mir, wie bunt diese Klasse gemischt ist, von den Gesichtern, Geschichten und Hintergründen. Jetzt ist gerade Klassenrat: Die Aufgaben sind verteilt, einer liest die Anträge vor, einer achtet auf die Zeit, einer schreibt Protokoll – und einer zappelt und stört. So wie im richtigen Leben auch. Es wird diskutiert, Vorschläge gemacht, abgestimmt und ich denke im Stillen: Wenn unsere Abgeordneten das auch schon mit zehn Jahren für ihr Leben gelernt hätten und im Bundestag nur halb so wohlwollend miteinander wären, hätten wir eine andere Republik. Als es zur Pause klingelt, stürmen alle auf den Hof, toben sich aus, denn Demokratie ist anstrengend. Gut zu wissen, dass es eine nächste Generation gibt, für die Inklusion, Integration und Diversity selbstverständlich sind – weil sie es gar nicht mehr anders kennen.

– Dr. Eckart von Hirschhausen (Arzt, Komiker und Gründer der Stiftung Humor hilft Heilen). Auf www.humor-hilft-heilen.de sind Materialien von Gemeinsam Leben Lernen kostenfrei herunterzuladen.

🐚 Überlege dir, welches soziale Projekt du unterstützen kannst.

SUPERMARKTGESCHICHTEN

Mit meinem Vater einkaufen gehen ist jedes Mal ein kleines Abenteuer und manchmal weiß man nicht, ob man sich lieber verstecken oder einfach laut loslachen möchte. Da steht er dann mit seiner »Batschkapp« und der runden Brille, hat ein freches Lächeln im Gesicht und scherzt mit Gott und der Welt um die Wette. Es scheint im Laufe der Jahre eine Art Hobby geworden zu sein, den Leuten den Alltag mit kleinen Witzchen zu versüßen. Er schäkert mit der Kassiererin, macht einen angetäuschten Drängelwettkampf mit den Einkaufswägen, interpretiert laut die eingekauften Waren anderer Leute auf dem Fließband oder schmuggelt fremden Menschen witzige Dinge in den Einkaufskorb. Zumindest kann man nicht behaupten, dass es langweilig wird, wenn man mit meinem Vater zusammen einkaufen geht. Gerade stehen wir in einer langen Warteschlange und eigentlich bin ich schon leicht genervt, weil die Kassiererin an Langsamkeit kaum zu übertreffen ist, da hat es mein Vater schon wieder irgendwie geschafft, mit dem Mann hinter uns ins Gespräch zu kommen. Sie foppen sich gegenseitig und lachen herzlich. Mir ist das gerade etwas viel und ich tue einfach so, als gehöre er nicht zu mir. Da packt er doch tatsächlich einen seiner ältesten Witze aus und ist glücklich, jemanden gefunden zu haben, der ihn anscheinend noch nicht kennt. Mit stolz geschwellter Brust erzählt er ihn und heitert damit doch tatsächlich die ganze angenervte Wartemeute auf. Wir sind dran mit Zahlen und selbst die langsame Kassiererin kichert noch vor sich hin und da ist es so weit: Auch ich muss nun nach Jahren wieder über diesen alten Witz lachen.

🐚 Erzähle jemandem deinen Lieblingswitz.

DOSENPFIRSICHE

Ich sitze auf der alten Eckbank meiner Oma und bin 5 Jahre alt.

Das Holz knarrt unter mir und die Wanduhr tickt so laut, dass ich automatisch die Sekunden mitzähle. Auf dem Tisch liegt ein abgerissenes Blatt des Tageskalenders mit einem Bibelspruch darauf. Das Mittagessen ist gerade vorüber, gleich kommt nebenan im Wohnzimmer der Kuckuck aus dem Häuschen, auf den ich jeden Tag gespannt warte.

Bevor ich mich in das riesige butterweiche Ehebett im eiskalten Schlafzimmer kuschele, um für eine Weile wegzuschlummern, gibt es aber erst einmal Nachtisch. Meinen Lieblingsnachtisch: Dosenpfirsiche.

Wie jeden Tag macht meine Oma uns die kleine Dose mit einem Öffner auf. Immer schwappt es ein bisschen über, ich tunke meine Finger in das süße Wasser und schlecke daran. Da schwimmen sie, die halbrunden Pfirsiche und warten darauf, auf die kleinen Glastellerchen zu flutschen.

Noch heute denke ich jedes Mal an meine Oma und die schöne Zeit zurück, wenn ich mir ab und zu eine Konservendose mit Pfirsichen gönne. Schon im Supermarkt steigt meine Vorfreude. Zu Hause angekommen, öffne ich sie wie in alten Zeiten, tunke meinen Finger hinein und denke an unsere kleine Tradition zurück, während die orangefarbenen, weichen Halbmonde mich angrinsen.

🐚 Erinnere dich an deine Lieblingsspeisen aus früheren Zeiten. Probier sie mal wieder aus.

MORGENGRAU

Wenn der Tag vor einem liegt und einem vorkommt wie ein unbezwingbarer Himalaya, wenn das Handy schon frühmorgens Terror macht, indem es einen viel zu früh aus den Federn schmeißt, dann ist es erstmal an der Zeit, kurz abzuhauen und durchzuatmen.

Deshalb gehe ich morgens gerne raus in die Natur. Je nachdem wie es der Terminkalender zulässt, kann dies auch schon sehr früh der Fall sein.

Manchmal schläft alles noch und eine gespenstige Ruhe überzieht die ganze Stadt, wenn ich den ersten Schritt vor die Haustür setze.

Bald sind mein Hund und ich am Fluss angelangt. Das feuchte, kniehohe Gras wiegt im Wind hin und her und heißt uns willkommen. Meine Füße versinken in der weichen Erde, die Maulwürfe waren über Nacht wieder sehr aktiv und ich zähle die kleinen Hügelchen. Neben uns fließt der Fluss ganz ruhig und eine Wolkenschicht hängt über ihm. In der Ferne frühstücken die Störche auf der Wiese. Ich blinzle gegen die Sonne, die sich gerade durch den dichten, grauen Nebel kämpft, und atme tief durch.

Dem Dutzend Störchen dabei zuzusehen, wie sie den Tag beginnen, lässt mich immer wieder staunen. Ganz ruhig und Schritt für Schritt schreiten sie über das Gras und lassen sich durch nichts beirren. Wenn es ihnen zu viel wird, breiten sie ihre großen Flügel aus und gleiten davon.

Jedes Mal bleibe ich stehen und bin fasziniert. Der sich gerade auflösende Nebel macht das Bild perfekt. Und neben mir ein Wuselfuchs, der neugierig darauf wartet, dass es weitergeht.

🐚 Geh frühmorgens raus in die Natur.

EIN BILD DER ZUKUNFT

Neulich war in der Straße, in der ich wohne, ein kleines Straßenfest. Nichts Kommerzielles. Keine Hüpfburgen oder ganze Grillküchen auf Anhängern. Alles relativ unspektakulär. Nachbarn hatten Stühle und Tische vor die Tür gestellt und aßen zusammen, manche verkauften Selbstgebackenes, Kinder spielten auf der Straße. Es gab Mini-Flohmärkte und vor dem Nachbarhaus spielte jemand auf der Gitarre. Es waren etwas mehr Leute auf der Straße als sonst, aber kein Gedränge. Alles friedlich und im Prinzip »einfach«. Was mich dabei wirklich glücklich gemacht hat, war ein Blick: Zum ersten Mal hatte ich die Straße, in der ich seit über 20 Jahren wohne, ohne parkende Autos gesehen. Ein total ungewohntes Bild. Nicht dass ich die Bäume und die großen Wohnhäuser aus der Blütezeit Wiesbadens nicht wahrgenommen hätte. Aber der Blick auf diese plötzlich anders belebte Straße hatte mir gezeigt, wie städtisches Leben aussehen kann, wenn man nur eine kleine Sache verändert. Wenn Straßen nicht nur zum Passieren genutzt werden, sondern wenn diese Orte stattdessen zum Verweilen einladen. Nein, ich bin kein Anhänger von »früher war alles besser«, aber eine wünschenswerte Welt ist manchmal ganz einfach. Und hat nicht immer etwas mit der neuesten Technik zu tun. Vielleicht sollte Zukunft überhaupt weniger expansiv und technologisch gedacht werden und dafür soziale und regionale Themen in den Vordergrund rücken. Aber wie erreichen wir das? Wie machen wir solche – vermeintlich unspektakulären – Zukunftsszenarien attraktiv? Ich glaube, der erste Schritt sind genau diese Bilder, wie das von der neu belebten Straße. Sie erzeugen eine Sehnsucht und damit den Wunsch, sich in diese Richtung zu bewegen.

– Michael Volkmer (Inhaber und Geschäftsführer von Scholz & Volkmer)

🐚 Veranstalte ein Straßenfest mit deiner Nachbarschaft.

LIEBLINGSLICHT

Die Luft ist unendlich klar. Die Vögel sind vor einer kleinen Weile aus ihrer Siesta erwacht und geben nochmal alles, bevor der Tag zu Ende geht. Ein leichter Wind streift die Haare und der spätsommerliche Duft steigt in die Nase. Es ist unfassbar ruhig. Alle bewegen sich in Zeitlupe, ermüdet von der Hitze oder einfach nur das langsame Leben genießend. Alltägliche Aufgaben scheinen nun gerade sehr unwichtig, die Zeit bleibt stehen und man hält inne. Es ist definitiv Zeit zum Durchatmen, bevor es

für den ein oder anderen nochmal in den Endspurt geht. Andere nutzen die Gunst der Stunde, um sich bereits jetzt zurückzulehnen. Man sieht die Leute nach Hause schlendern, der Gang ist zurückgeschaltet und die Blicke kreuzen sich verträumt in der Luft. Die Einkaufskörbe sind voll duftendem Obst, von irgendwoher nimmt man ein Kinderlachen wahr. Die tiefe Sonne erfüllt alles und taucht es in ein leichtes Orange. Die Haut kitzelt, weil sie die Wärme des Tages gespeichert hat. Das Lächeln fällt einem nicht schwer, denn das Leben ist leicht.

Es ist 17:43 Uhr als es seinen Höhepunkt erreicht: das Lieblingslicht.

🐚 Wenn deine Lieblingszeit des Tages anbricht, nimm dir eine Pause und genieße sie.

KLICKERLIEBE

Wir sind in den Bergen von Vietnam unterwegs und eine frische Brise zieht durch das kleine Bergdorf. Die winzige Dame namens Jui ist an diesem Tag unsere Wanderbegleitung und führt uns durch ihre Nachbarschaft, weit abgelegen von jeglicher Zivilisation. Sie ist keine 1,50 Meter groß, aber strotzt vor Kraft und Energie. Wir haben Mühe, ihr zu folgen, aber umso mehr Spaß bei allem, was sie uns beibringt und zeigt. Sie stellt uns ihren Freunden vor und wir dürfen in ihrem Zuhause, bestehend aus einer selbstgebauten Lehmhütte, zu Mittag essen. Mein Mann und ich verabschieden uns herzlich und gehen auf einen Wochenmarkt, wo wir uns mit unbekanntem Obst und Glasmurmeln eindecken. Hier und da sieht man die einheimischen Kinder mit den Klickern spielen. Ein unglaubliches Geschick weisen sie auf, während sie die Glasperlen um die Wette schießen. Nun klickern also auch unsere Taschen, denn sie sind voll mit den kleinen runden Dingern.

Auf einem abgelegenen Weg treffen wir schon bald auf eine kleine Kinderschar. Zuerst ernten wir etwas verwunderte Blicke, dann steigt die Neugierde bei den Kleinen aber so stark, dass sie schnell näherkommen und uns freudig begrüßen. Wir grüßen nicht nur freundlich zurück, sondern zücken auch die Glasmurmeln, die in unseren Taschen nur darauf warten, verteilt zu werden. Die Augen werden unmittelbar riesig groß, das strahlende

Lächeln der dutzend Kinder ist unbezahlbar. Ich vertraue einem Händchen nach dem anderen eine kleine perlmuttfarbene Murmel an. Ganz geduldig und fast schon ehrfürchtig empfängt jeder seine ganz eigene Murmel. Wie einen Schatz tragen sie sie hinfort, stolz präsentierend, freudig juchzend und einander anstrahlend. Alles andere ist nun unwichtig. Die Jungs fangen sofort an, sich in Teams aufzustellen, die Mädchen hingehen pflegen die Murmeln wie wahre Schätze. Kleines kann so groß sein. Das realisiere ich an diesem Tag ganz besonders und seitdem ist die Murmel für mich ein großes Sinnbild dafür, dass wir wirklich wenig benötigen, um glücklich zu sein.

🐚 Schenk jemandem eine Kleinigkeit.

NICKERCHEN

Es gibt viele Augenblicke in meinem Leben, in denen ich die Besonderheit der jeweiligen Situation sehr schätze und als ein Geschenk und mein persönliches Glück empfinde. Besonders eine Zeit gibt mir viel Energie und Entspannung pur: der tägliche Mittagsschlaf. Er kann zwanzig Minuten oder zwei Stunden dauern, je nach Terminen und körperlichem Befinden. Schon während meiner Schulzeit habe ich regelmäßig Nickerchen gemacht. Einfach mal kurz abschalten. Keine Aufgaben, an nichts 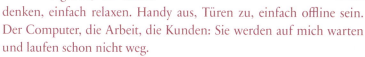 denken, einfach relaxen. Handy aus, Türen zu, einfach offline sein. Der Computer, die Arbeit, die Kunden: Sie werden auf mich warten und laufen schon nicht weg.

Dieses Gefühl, über seine Zeit bestimmen zu können, seine Beine und Gliedmaßen auszustrecken, um kurz darauf in einen Zustand der Entspannung eintauchen zu dürfen, ist herrlich!

Danach geht es ausgeruht in die zweite Tageshälfte hinein. Fit und motiviert für die nächsten Stunden, voll mit interessanten Projekten, meiner tollen Familie und mit mir selbst.

– Robert Stahl

🐚 Mach ein Nickerchen.

SCHOKO AND THE CITY

Freitagabend, Regenwetter, kalte Füße und allein zu Hause. Eine lange Woche liegt hinter mir und ich habe so herrlich gar keinen Plan für heute Abend. Ich friste heute ein fröhliches Strohwitwendasein und freue mich auf meine Zeit. Es wartet also quasi ein Date mit mir selbst und ich überlege mir schon mittags, was ich abends alles Schönes machen könnte.

Badewanne und Pizza schaffen es schon mal in die engere Auswahl und letztlich finde ich mich in mehrere Decken eingewickelt auf dem Sofa wieder. Auf dem Tisch dampft eine große Tasse Tee und im Fernsehen läuft eine typische Frauenserie in Dauerschleife. Sonst nehme ich mir für solch eine Schnulze keine Zeit, aber solche Abende sind perfekt dafür. Leichte Kost mit Charme und Witz und ich bin mittendrin, irgendwo in New York. Ich drücke die Pausetaste, um den ollen Tee mit einem Gläschen Martini abzulösen, das Großstadtflair steckt mich an, auch wenn ich in meinem Schlafanzug alles andere als glamourös wirke. Außerdem schafft es auch noch eine Tafel Schokolade mit zurück auf das Sofa. Es ist ja eh niemand zu Hause, der mich erwischen könnte, und ich verrate es ganz sicher auch niemandem. Mit vollem Bauch und etwas beduselt von meinem Drink verspreche ich mir, dass wir dieses Rendezvous bald mal wiederholen werden.

🐚 Verabrede dich mit dir selbst.

FRIDOLIN

Abends lag ich oft in meinem Bett und kämpfte verzweifelt gegen die Müdigkeit an. Draußen tobte noch das Leben, während ich als Kind schlafen sollte. Es war eine Mischung aus absoluter Erschöpfung und unerträglicher Neugierde, was man noch alles machen oder gar verpassen könnte.

Mit dem Schicksal hadernd, klopfte ich das Kissen zurecht und zog mir die Bettdecke bis zu den Ohren hoch.

Und dann kam Fridolin und setzte sich sanft zu mir ans Bett.

Fridolin war seit jeher einer meiner treuesten Weggefährten. Er ist eine Spieluhr in Form eines gutmütigen und vollbärtigen Mondes mit einer großen, weichen Mütze. In meiner Fantasie hatte er immer eine ganz tiefe Stimme, die langsam und bedacht mit mir redete. Er erzählte die besten Gute-Nacht-Geschichten und hörte gleichzeitig immer zu. Sein leichtes Lächeln, das man aber nur sah, wenn man den Bart zur Seite schob, nahm alle Kindersorgen in sich auf.

Wenn er zu spielen begann, war meine Welt in Ordnung. Ein Kinderbett voller Heimat, Frieden und Wohlgefühl. Ich wurde ganz ruhig, atmete langsam, die Lider wurden immer schwerer. Und er grinste zufrieden.

Ich hole Fridolin immer wieder gerne hervor. Wenn er heute für mich spielt, ist es ein seltsamer Mix aus Freude und Melancholie. Sein verschmitztes Lächeln ist keinen Tag gealtert und er riecht nach glücklichen Kindertagen.

🪶 Singe jemandem ein Gute-Nacht-Lied.

KITZELN UND KNISTERN

Vor einem liegt ein riesiger Tag: ein wichtiger Vortrag, eine besondere Herausforderung bei der Arbeit, ein klärendes Gespräch, ein lang hinaus geschobener Arztbesuch oder einfach Tausende kleine Erledigungen, die darauf drängen, endlich getätigt zu werden. Manchmal ist solch ein Berg aber so groß, dass man sich kaum aus dem Haus traut – einmal im Strudel drin, kommt man schwer wieder raus. Pausen einlegen fällt einem da manchmal schwer.

Wie wäre es daher, wenn man den Tag schon einfach mit einer Pause beginnt, bevor man sich in den Trubel da draußen stürzt?

Zur Sache, Schätzchen. Ja sicher, aber langsam. Erstmal bin ich dran, danach kann ich mich um die Welt da draußen kümmern.

Manchmal stelle ich mir den Wecker morgens eine halbe Stunde früher. Das mag für einige verrückt klingen, aber es ist eine magische Zeit. Ich brühe den Kaffee auf, der Milchschaum quillt über.

Und durch die Wohnung rauscht ein leises Geräusch. Ein Plätschern.

Das Badewasser läuft und ist bereit, mich aufzunehmen.

Gänsehaut am ganzen Körper, wenn der große Zeh das heiße Wasser berührt. Die Morgensonne schaut herein und es entstehen tolle Reflexionen.

Der Schaum kitzelt und knistert. Ich tauche ab und denke an nichts.

🐚 Nimm dir Zeit für ein ausgiebiges Bad.

GANZ EINFACH

Kann ein Bürgermeister glücklich sein? Wenn er viel arbeiten muss, wenn die Aufgaben drohen, ihm über den Kopf zu wachsen, wenn Kritik kommt und hart verhandelt werden muss? Ja! Ich bin seit über zehn Jahren Bürgermeister einer kleinen, sehr lebendigen Weinstadt in der Pfalz. Eines Tages besuchte ich einen alten Mann im Hospital, um ihm zum runden Geburtstag zu gratulieren. Er saß im Rollstuhl,

sah mich nicht an und reagierte nicht. Ich versuchte ein Gespräch aufzubauen – keine Reaktion. Ich war schon fast wieder zur Tür hinaus, als er plötzlich langsam und stockend zu sprechen begann. Es wurde klar, der Mann hatte keine Angehörigen mehr, hatte schon seit Jahren keinen Besuch mehr bekommen, mit niemanden geredet und beinahe das Sprechen verlernt. Wie dankbar schaute er mich an und wie fest war sein Händedruck! Ein anderes Mal kam eine ältere Dame und wollte sich über etwas beschweren. Das Gespräch entwickelte sich allerdings in eine andere Richtung: Sie sprach viel von ihren Problemen, Ängsten und Befürchtungen und ich hörte nur zu. Dann klopfte es an der Tür. Dort standen zwei Kinder vor mir: »Guten Tag, Herr Bürgermeister! Können wir Ihnen helfen – wir wissen Sie haben viel Arbeit!« Der ältern Dame verschlug es die Sprache. Ich lud die Kleinen zu einem Orangensaft ein. Die ältere Dame fragte mich später, wie ich das mache. »Es ist eigentlich ganz einfach: Ich versuche, freundlich zu sein«, war meine Antwort. Vor einiger Zeit wurde Deidesheim Mitglied in der Internationalen Vereinigung der lebenswerten Städte Cittaslow. Wir gaben uns damit ein Leitbild für eine nachhaltige Entwicklung einer lebens- und liebenswerten Kleinstadt. Der Mensch steht bei allem Tun und bei allen Entscheidungen stets im Mittelpunkt. Ziel ist es, die Lebensqualität zu steigern und die Rahmenbedingungen dafür zu schaffen. Und das macht mich jeden Tag glücklich.

– Manfred Dörr (Bürgermeister der Stadt Deidesheim und Präsident von Cittaslow Deutschland)

🪶 Urteile nicht so schnell.

HANG LOOSE

Manchmal sind es die kleinen Dinge, die einen nachhaltig bewegen. Bei mir ist so etwas eine Hängematte. Hängematten haben etwas

Magisches an sich und sobald man eine sieht, hat man das Bedürfnis, sich hineinzulegen und die Welt um sich herum zu vergessen. Ich selbst habe auch eine zu Hause, sie hat wundervoll warme Farben und kommt leider viel zu selten zum Einsatz. Im Urlaub sieht das anders aus. Als ich einen Nachmittag über alleine im Garten eines alten Landhauses verbringe, liege ich verträumt in der alten Hängematte und lasse den lieben Gott einen guten Mann sein. Kein Handy, kein Buch, keine Musik. Das ist eine echte Herausforderung! Und ich erinnere mich an einen Interviewpartner, der mit großer Euphorie erzählte, dass er mal tagelang in einer Hängematte verbrachte und dann merkte, wie die Langeweile einsetzt. »Und dann geht es erst richtig los!«, strahlte er. Diesen Zustand mal wieder zu erreichen, scheint ein erstrebenswertes Ziel in unserer heutigen Zeit zu sein. Man erwischt sich oft dabei, wie man kurz davor ist, nun doch aufzuspringen, um irgendwas zu holen oder zu machen. Sich selbst für den Moment zu genügen und ganz hier zu sein, fällt einem zu Beginn schwer. Wohin wandern meine Gedanken, wenn ich Ewigkeiten in den Himmel starre, die wehenden Blätter über meinem Kopf beobachte und durch das leichte Schaukeln im Dämmerzustand vor mich hin träume? Nach einem kleinen Nickerchen berühren meine Füße langsam wieder den erdigen Boden. Etwas schwindelig ist mir. Ich hole mir ein Glas kaltes Wasser und verziehe mich wieder zurück in meine Hängematte, denn ich habe noch viel zu lernen.

🜸 Leg dich in eine Hängematte und lerne, dich zu langweilen.

GEBEN UND NEHMEN

Es ist ein wunderschöner Tag und die Sonne strahlt mit ganzer Kraft, als hätte sie das Bedürfnis, nach dem langen Winter wieder etwas gutzumachen. Ich befinde mich auf dem Heimweg und mache mich Richtung Bahnhof auf. Dort angekommen, begegnet mir eine riesige Menge Berufspendler. Blind von ihrer täglichen Routine, starren sie auf die Smartphones, bloß nicht das Risiko eingehen, angesprochen zu werden. So rasen sie in ihrer Zeitnot in die Bahnhofsvorhalle hinein, wirbeln in Windeseile durch die Drehtüren, telefonieren, gestikulieren oder halten sich an ihren Kaffeebechern fest. Ich beobachte das hektische Treiben. Irgendwie ein surreales Bild. Da steht er, ein einsamer, älterer Obdachloser mitten dieser Manager-Menge. Die wandelnden Anzüge ziehen an ihm vorbei, als sei er Luft. Er steht da, ist sichtlich verwirrt, verfroren und sieht unfassbar traurig aus. Ich seufze und möchte gerade zur Bahnhofsaufsicht gehen, um Bescheid zu geben, dass er wohl Hilfe benötigt. Sie kommen mir schon entgegen und gerade als ich etwas sagen möchte, düsen sie an mir vorbei – um ihn zu vertreiben. Ich traue meinen Augen nicht und bin sprachlos.

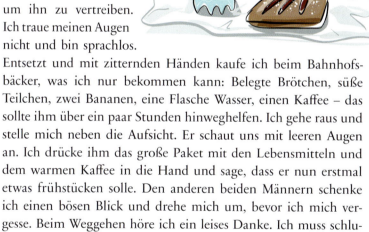

Entsetzt und mit zitternden Händen kaufe ich beim Bahnhofsbäcker, was ich nur bekommen kann: Belegte Brötchen, süße Teilchen, zwei Bananen, eine Flasche Wasser, einen Kaffee – das sollte ihm über ein paar Stunden hinweghelfen. Ich gehe raus und stelle mich neben die Aufsicht. Er schaut uns mit leeren Augen an. Ich drücke ihm das große Paket mit den Lebensmitteln und dem warmen Kaffee in die Hand und sage, dass er nun erstmal etwas frühstücken solle. Den anderen beiden Männern schenke ich einen bösen Blick und drehe mich um, bevor ich mich vergesse. Beim Weggehen höre ich ein leises Danke. Ich muss schlucken und drehe mich um. Und obwohl ich durch seine zerrissene Hose sehen kann, dass seine Beine zittern, lächelt er mich herzerwärmend an.

🪴 Schenk einem Obdachlosen etwas zu essen oder trinken.

SÜSSER DUFT

Ich komme gerade von einem längeren Auslandsaufenthalt wieder in die Heimat zurück. Meine Wohnung war zur Zwischenmiete vermietet und ich betrete sie das erste Mal nach mehreren Monaten wieder.

Es ist totenstill im Haus, jeder Nachbar scheint ausgeflogen zu sein, als ich an diesem kühlen Frühlingsmorgen wieder zu Hause ankomme.

Die eigenen vier Wände nach solch einer langen Zeit wieder zu spüren, ist ein ganz besonderes Gefühl. Ich streiche gedankenverloren über die langen auberginefarbenen Gardinen, die sich immer noch genauso samtweich anfühlen. Mein Blick schweift über mein Bücherregal und ich fühle mich im ersten Augenblick ein wenig wie ein Besucher, der alles neugierig auskundschaftet. Bin ich jemals weg gewesen? Einige Dinge haben in der letzten Zeit einen neuen Platz gefunden und ich beginne, etwas herumzuräumen, sodass es wieder zu meinen Gewohnheiten passt.

Was die Zeit doch alles verändert. Mit den Gedanken bei all den Eindrücken und Erlebnissen der letzten Monate gehe ich von Raum zu Raum und mustere mein neues altes Zuhause.

Ich freue mich über jede meiner Pflanzen, die das letzte halbe Jahr so gut überlebt haben. Nach ein bisschen Zupfen und Zurechtrücken ist alles wieder so wie vorher. Gerade als ich den winzigen Balkon betrete, um nachzuschauen, ob auch hier alles in Ordnung ist, kommt er mir entgegen: der süße Duft der Heimat. Mannheims Schokoladenfabrik am anderen Ende der Quadrate läuft wohl gerade wieder auf Hochtouren und umhüllt die Stadt mit einem leichten Kakaogeruch. Die frische Frühlingsluft hat eine feine Nuance von Schokolade und ich stehe da und atme tief ein.

Willkommen zu Hause!

🐚 Gestalte dein Zuhause, renoviere ein Zimmer, dekoriere um.

NUR EIN LÄCHELN

Ich habe sie angelächelt – und sie hat mein Lächeln erwidert! Das hört sich nach einem kurzen Flirt im Vorübergehen an, aber es war etwas völlig anderes. Ich kenne sie nicht, die junge Frau, die kurz nach mir ihren Einkaufswagen vor dem Supermarkt zurückstellen will, und die ein wenig warten muss, bis ich meinen ganz vorgeschoben habe, um ihn an die anderen Wagen anzuschließen. Beim Zurückgehen werfe ich ihr ein kurzes Lächeln zu, spontan, eigentlich ohne Grund. Und sie lächelt zurück. Nur ganz kurz, vielleicht für eine Sekunde. Aber ihr Lächeln zündet ein Licht in mir an, das noch lange brennt, den ganzen Rest des Tages und darüber hinaus.

Ich habe lange darüber nachgedacht, warum mich dieses Lächeln so berührt hat – nicht nur in dem Augenblick, als ich es wahrgenommen habe, sondern noch Stunden und Tage später. Es gab keine rationale Erklärung dafür, warum mir diese Frau besonders aufgefallen war. Ich kann mich nicht an ihre Kleidung erinnern, nicht einmal an ihr Gesicht oder an ihre Haare. Und ich würde sie ganz sicher niemals wiedererkennen. Das Einzige, was in meiner Erinnerung lebendig bleibt, ist ihr Lächeln. Es hat ganz offensichtlich seine eigene Existenzberechtigung, völlig losgelöst von allem Äußeren, als Signal von Seele zu Seele.

– Armin Zastrow

🌟 Lächle einen fremden Menschen einfach so an.

MUMMELEI

Müde falle ich auf das Bett. Die letzte Zeit ist sehr stressig und hier und da fehlt mir eine Stunde Schlaf. Ich bekomme kaum mit, wie mein Mann mir noch von den Erlebnissen des Tages berichtet,

während er seine Sachen für den nächsten Tag raussucht und sich dann zu mir legt. Meine Lider sind schwer wie Blei und es dauert nur wenige Sekunden bis ich wegschlummere, immer noch mit einem vermeintlich hellwachen »Hm« auf seine Erzählungen antwortend. Seine warme Schulter neben mir, der Atem an meinem Ohr, hier bin ich zu Hause. Ich wache nochmal ganz leicht auf, als ich merke, wie er es sich neben mir bequem macht, die große Decke über meinen Rücken zieht und neben mir sanft runterdrückt. Meine Augen bleiben geschlossen und innerlich lächle ich – müde, aber sehr glücklich. Eingemummelt werden ist einer meiner Lieblingsliebesbeweise und mit diesen Gedanken verabschiede ich mich endgültig in den Tiefschlaf.

🐚 Bringe jemanden liebevoll ins Bett. Deck ihn zu und kuschle ihn ein.

ENDE GUT, ALLES GUT

Ein langes, arbeitsreiches Wochenende liegt hinter mir und es ist schon das zweite in Folge, das ich durcharbeite. So langsam merke ich, dass ich eine Pause brauche. Vollbepackt mit tausend Sachen hieve ich mich in den vierten Stock hoch, es ist später Sonntagabend und auch unseren Krimi habe ich verpasst, weil die Bahn Verspätung hatte. Gerade komme ich aus Berlin, wo es einen Workshop und viele spannende Interviews gab. Aber nun kann nichts spannender und schöner sein als mein Zuhause. Schon im zweiten Stockwerk erhasche ich einen wohlbekannten Geruch und Treppe für Treppe verdichtet sich mein Verdacht und wächst heran zu einer großen heißhungrigen Hoffnung. Die letzte Stufe habe ich gerade erst erklommen, da geht das Flurlicht aus und ich stehe im dunklen Treppenhaus, behängt mit Taschen und dem große Koffer neben mir. Vor mir unsere Wohnungstür, aus der das goldene Licht aus den milchigen Fenstern scheint. Ich höre laute südamerikanische Musik und Töpfe wild klappern. Der Schlüssel dreht sich um und die Tür öffnet sich, ich wippe sie leicht auf, um mich durchdrücken zu können. Alles fällt runter und ich bin froh, die Last nun los zu sein. Ich stehe im Flur und mir kommen leicht die Tränen, weil ich mein Glück kaum fassen kann. Es ist nach 22 Uhr und ich sehe meinen Mann wild in der Küche umherwuseln, er grinst mich frech an und heißt mich willkommen. Er hat gekocht. Und wie. Im Backofen schlummert ein riesengroßer Braten, der darauf wartet, unser Sonntagsnachtmahl zu werden. Die kalte Weißweinschorle steht auch schon bereit. Alles, was ich nun noch tun muss, ist, mich an den Küchentisch plumpsen und mich verwöhnen zu lassen. Endlich zu Hause.

🐚 Koche ausgiebig. Für dich selbst oder einen lieben Menschen.

VERÄNDERUNG BEGINNT IM HERZEN

Es war einer der schwierigeren Abende. Wie so oft reagierten einige ältere Herrschaften, die offensichtlich die größte Macht in der Stadt besaßen, nach einer intensiven Alternativenpräsentation lediglich damit, dass der Mensch von Natur aus egoistisch, nur auf seinen eigenen Vorteil bedacht sei und unsere Gene auf Konkurrenz programmiert seien – jede Änderung an der Wirtschaftsordnung würde an dieser »Menschennatur« scheitern und wäre daher aussichtslos. Wie immer entstand atmosphärisch eine beklemmende Gemengelage aus Resignation ob der entmutigenden Ansichten der Älteren, Frustration ob ihrer

Macht, Widerstand gegen diese Haltung sowie Gegenrede und Aufstehen. Während die einen ihre beschwichtigenden Denkmuster einsetzten, andere zerrissen und ratlos waren, fassten sich Dritte ein Herz und schritten zur Tat: Sie beschlossen noch vor Ort, eine regionale Gemeinwohl-Gruppe zu starten. »Gesellschaftliche Veränderungen beginnen immer an der Peripherie«, hatte ich Otto Scharmer im Ohr. »An der Peripherie der Macht«, ergänzte ich für mich, »aber im Herzen der Gesellschaft und jedes einzelnen Menschen.« Da kam ein arrivierter und gut situierter Vortragsgast auf mich zu, schüttelte mir freundlich die Hand und sagte verbindlich und bestimmt: »Ich habe wegen Ihnen mein Leben geändert. Ich war genauso einer wie diese unerträglichen Starrköpfe, die jede Veränderung blockieren. Doch dann habe ich aufgrund Ihrer Bücher nachzudenken begonnen und verfolge seither Ihre Arbeit. Vor einem halben Jahr habe ich meinen gut bezahlten Job in einem internationalen Konzern gekündigt und ein neues Leben begonnen. Seither lebe ich konsequent wert- und sinnorientiert. Ich möchte Ihnen dafür danken.«

– Christian Felber (Entwickler des alternativen Wirtschaftssystems »Gemeinwohl-Ökonomie«)

❀ Danke jemandem, der dich inspiriert und ermutigt hat.

FEIERABENDPICKNICK

Der Tag war lang und meine Schulter schmerzt von der schweren Tasche. Gerade drehe ich den Schlüssel im Schloss um, da fällt mir ein, dass wir nichts zu essen zu Hause haben. Genervt seufze ich. Mein Mann lässt sich von meiner Moserei nicht beirren und kruschelt weiter fleißig vor sich hin. Jetzt kann ich wirklich keine gute Laune gebrauchen. Als ich ihm mein Leid klage, dass wir nun noch einkaufen gehen müssen, flötet er mir auffällig fröhlich entgegen. Er führt doch etwas im Schilde! Da entdecke ich hinter ihm einen großen Korb und habe einen Geistesblitz. Die schlechte Laune ist sofort verflogen und ich muss ihn gar nicht erst fragen, er nickt schon eifrig. Schnell krame ich unsere große rote Decke raus und wir düsen zwei Minuten später los Richtung Fluss. Die eiskalten Radlerflaschen klimpern im Fahrradkorb und als wir auf der Wiese ankommen und einige Freunde schon auf uns warten, ist der ganze stressige Tag vergessen. Dicke Bauernstullen mampfend, stoßen wir auf den Alltag an und sitzen noch ewig da, bis der lange Schatten des Fernsehturms in der Dämmerung verschwindet.

🐚 Überrasche jemanden mit einem Picknick.

DAS BLAUE KLEID

Oft treibt es mich nicht in die Stadt, wo die Konsumtempel in die Höhe wachsen und die Leute sich auf Schnäppchenjagd hin und her drängeln, um dann tütenweise Zeug nach Hause zu schleppen, das sie morgen eh schon wieder vergessen haben. Aus Langeweile shoppen zu gehen ist absolut nichts für mich und mein Motto ist hier vielmehr »Zeit statt Zeug«. Warum soll ich mich Samstag für Samstag in enge Umkleidekabinen quetschen, wenn es da draußen doch so viel zu entdecken gibt?

Gerade düse ich mit dem Rad in die Innenstadt, ich habe gleich einen wichtigen Termin. Auf dem Hinweg ordne ich meine Gedanken und freue mich auf diese neue Herausforderung. Fahrrad zuschließen, Umhängetasche schultern und ab geht's zur Verabredung. Alles läuft super und als ich gelöst und fröhlich das Gebäude verlasse, lächelt mich gegenüber im Schaufenster dieses dunkelblaue Kleid an. Da es später Vormittag ist, ist kaum eine Menschenseele unterwegs und ich trödele zum Laden rüber. Es ist perfekt. Ich bin ganz alleine im Laden und habe alle Zeit der Welt. Der Tag ist ja eh schon gerettet.

Das blaue Kleid sitzt, passt, wackelt und hat Luft und hat großes Potenzial mein neues Lieblingsstück zu werden. Der Stoff ist weich und fällt leicht über das Knie, die kleinen Knöpfchen am Kragen bringen mich zum Lächeln. Ich behalte es gleich an und habe das Gefühl, dass mir in diesem Kleid alle Türen offen stehen.

🐚 Gönn dir ein tolles Kleidungsstück und trag es mit Freude.

MEIN TAG

Es gibt Nächte, in denen wache ich auf und bin völlig schlaftrunken. Es dauert einen Moment, mich zu orientieren, dann stelle ich fest, ich liege im Bett und bin gerade aus einer Tiefschlafphase aufgewacht. Ich bin müde und überlege, dass bald der Wecker klingelt. Ein neuer Tag wird beginnen und die Nacht endet, für meinen Geschmack viel zu früh. Unwillen macht sich breit. Ich habe keine Lust aufzustehen, mich antreiben zu lassen von einem Tempo, welches nicht mein eigenes ist und den Tag mit der Erfüllung von Pflichten zu verbringen. Dann schleicht sich ein neuer Gedanke in diese Überlegungen: Wenn es hell wird, ist Samstag. Es ist Wochenende und der Wecker wird nicht klingeln, weil ich an diesem Tag keinen Dienst habe, weil ich keine Termine und Verpflichtungen habe, weil dieser ganze wundervolle Tag mir gehört! Mit dieser Gewissheit stellt sich ein unheimliches Glücksgefühl ein. Ich drehe mich genüsslich noch einmal im Bett um und schlummere entspannt ein paar weitere Stunden, um dann irgendwann ohne Zeitdruck aufzuwachen und den Tag so zu begehen, wie ich ihn selbst gestalten möchte.

– Melanie Müller

🐚 Starte ohne Wecker in den Tag und lass dich treiben.

AUF DAS LEBEN

Es ist ein kleines Restaurant und der Kellner ist sehr bemüht. Er entschuldigt sich, dass er noch nicht ganz eingearbeitet ist. Seine Unbeholfenheit, die Authentizität und das Herzblut machen ihn sehr sympathisch und wir scherzen miteinander. An kleinen Tischen sitzen sich die Leute gegenüber, schauen sich an und reden leise über dies und das. Irgendwie bekommt man doch fast jedes Wort mit, da die leichte Hintergrundmusik auch nur leise zu hören ist. Die Kerzen flackern und die hungrigen Besucher wispern um die Wette. Immer wieder verschwindet der Kellner in die Küche, um alle Wünsche zu erfüllen. Der Wein fließt, die Gläser klirren und nach und nach kommt auch das Geklapper des Bestecks dazu. Doch irgendwie ist es ein seltsames Bild. Alle zusammen auf engem Raum und doch jeder für sich. Getrennt durch wenige Zentimeter verbringt den Abend jeder an seinem Tisch, bemüht darum, die Beine nicht zu weit zum Nachbarn zu strecken oder keine zu ausfallenden Gesten zu machen. Man ist ja schließlich im Restaurant.

Genau das denkt sich in diesem Moment wohl auch ein anderer Besucher ein paar Tische weiter. Während alle vertieft in ihre Gespräche, Gerichte oder Handytipperei sind, steht er auf und klopft mit einem Messer an sein Glas. Es ist mucksmäuschenstill und alle Augen sind auf ihn gerichtet. Er muss etwas prusten und sagt schließlich mit einem sehr ansteckenden Lachen: »Liebe Leute, wir kennen uns zwar nicht, aber ich finde, wir sollten alle gemeinsam mal auf das Leben anstoßen! Wir können wirklich dankbar sein für alles.«

Die Blicke der anderen Besucher sind ein wenig verwirrt, aber dies weicht schnell einem allgemeinen zustimmenden Lächeln und Nicken. Die Gläser werden gehoben, man grüßt ihn anerkennend. Danach ist die Atmosphäre eine ganz andere und jeder geht satt und fröhlich mit diesen Gedanken nach Hause.

🐚 Stoß mit Fremden oder Freunden auf das Leben an.

LAUT UND BUNT

Ich bin zu einem großen Kongress eingeladen, stehe auf der Bühne und muss innehalten. Ich blicke in die Gesichter des Publikums und mir wird warm ums Herz. Ich erlebe nun diesen Glücksmoment, den ich so lange gesucht habe. Ich sehne mich nach einer neuen Gesellschaft, nach Menschen, die nicht bestimmt sind durch Angst vor »Überfremdung« und in diesem Moment sehe ich das deutsche Volk vor mir, so wie ich es mir vorstelle und wünsche: ein Panorama aus stolzen und entschlossenen Augen aller Farben. Ich sehe in Gesichter, die tausend und eine Geschichten erzählen. Ich sehe Frauen mit Kopftüchern, kurzen und langen Haaren. Einige Männer tragen dichte, dunkle Bärte. Ich sehe unsere Schönheitsideale, bestimmt durch Topmodels, bröckeln und an Vielfalt gewinnen. Ich sehe das Lehrerkollegium eines stinknormalen Gymnasiums mit dieser Vielfalt beschenkt. Deutschunterricht mit Herrn Ta-Nehisi. Mathe mit Frau Yildiz. Die Verfassungsrichter heißen heutzutage Nghi Ha, Sow und Ulusoy und einige tragen Bärte, Kopftücher oder Sneakers. Ich sehe meine Kinder arabische Philosophie pauken und Kurdisch als Fremdsprache lernen. Ich sehe meine christlichen Nachbarn mit ihren muslimischen Nachbarn in abrahamitischen Gotteshäusern gemeinsam beten. Ich sehe Kinder auf den Straßen Fußball, Backgammon und Go spielen. Es sind so viele, sie lachen so laut. Ein buntes Treiben voller Jetzt. Ich kann mich nicht dazu überwinden, sie zu ermahnen leiser zu sein, weil ihr Lachen mich längst durchdrungen hat. Und als mein Lachen verhallt, kommen mir Tränen. Weil ich die Bilder aus dem Fernsehen sehe. Von Kindern, die durch Matsch wandern und über Stacheldraht springen. Und ich wünsche mir, ich könnte ihnen in diesem Moment ihr Lachen zurückgeben. Und ihnen sagen, dass sie nicht glauben dürfen, dass

sie in das falsche Leben geboren wurden. Ich habe ihr Lachen bereits gehört. In meiner Straße. Laut und bunt.

– Van Bo Le-Mentzel, Architekt (Hartz IV Möbel) und Publizist, zuletzt erschien von ihm *Der kleine Professor*

🐚 Sei neugierig und lerne fremde Kulturen kennen. Geh in eine Moschee, auf eine ferne Reise oder lerne eine neue Sprache.

KLATSCH UND TRATSCH

»Ajoo, hast du scho g'hört?!«, höre ich die ältere Dame vor dem Bäcker zetern. Ich laufe kopfschüttelnd weiter. Dieses Bedürfnis, sich über mehr oder weniger dramatische Geschehnisse in der näheren Umgebung auszutauschen, gibt es wohl schon seit Jahrtausenden. Aber jedes Mal, wenn ich dies wie hier im Supermarkt, vor dem Kindergarten oder auch bei Familienfesten mitbekomme, verdrehe ich innerlich die Augen. Ich kann es absolut nicht nachvollziehen, wie man seine kostbare Zeit damit verbringen kann, über das Leben der anderen, manchmal sogar wildfremder Menschen zu philosophieren, Dinge und Geschehnisse ohne großes Hintergrundwissen zu interpretieren oder neunmalkluge Ratschläge zu geben, wie andere Leute ihr Leben zu gestalten haben. Zudem ist es mir auch einfach herzlich egal, welche Gardinenfarbe mein Nachbar hat, welches Intimleben meine Bäckerin führt oder warum der Arzt sich nun ein neues Auto gekauft hat. Leben und leben lassen und wenn einen wirklich etwas stört oder man besonders neugierig ist, dann ist das gar kein Problem, dann bin ich ein großer Freund der offenen Kommunikation, aber bitte mit demjenigen selbst. Mein Vater pflegt immer zu sagen: »Love it, change it or leave it.« Und das lasse ich mit ganzem Herzen gerade auch bei solchen meist belanglosen Gesprächen einfließen. Ich möchte meine Energie in Dinge und Menschen investieren, die es wert sind. Ich möchte filtern und aussortieren. Das hat nichts mit der berühmten rosa Brille zu tun, sondern schlichtweg mit einem gesunden Umgang mit meiner Zeit, meiner Energie und meinem Leben. Ich ganz alleine darf frei entscheiden, wie ich all das gestalte und mit welchen Menschen, Geschichten und Geschehnissen ich es schmücke. Sich selbst zu fragen »Was tut mir gut?« hat noch niemandem geschadet und solche belastenden oder belanglosen Themen gehören definitiv nicht mit dazu.

🐚 Versuche, Belangloses und Belastendes aus deinem Leben herauszufiltern.

AUS DER REIHE TANZEN

Früher war fast jeder Mittwoch für mich eine kreative Insel der Woche: Ich komme aus der Schule und werde von meiner Großmutter begrüßt. Es ist der Tag in der Woche, an dem meine Mutter wieder arbeiten geht und es ist jedes Mal wieder schön, einen Tag zu haben, der immer ein bisschen aus der Reihe tanzt. Jede Woche gibt es ein typisches Oma-Essen, bei dem sie ganz genau weiß, dass es meinem Bruder und mir schmeckt – zumindest meistens, es sei denn, es ist uns »zu gesund«. Danach erledigen wir unsere Schulaufgaben schneller als sonst, um mehr Zeit am Nachmittag zu haben. Dann heißt es raus mit uns, bei jeder Witterung. Wir schlendern alle zusammen los und steuern immer wieder ein neues kleines Ziel in unserem Dorf an. Mal ist es die Bücherei, mal der Knopfladen, der Supermarkt und oft auch der Abenteuerspielplatz. Wir stöbern, toben, lachen, hüpfen und was wir mit Sicherheit aber immer machen, ist gemeinsam singen. Meine Oma kennt jedes Lied und bringt uns jede Woche ein neues bei. Ich habe die wunderbarsten Erinnerungen an diese Mittwochsspaziergänge. Bis heute bewundere ich sie, dass sie nie ein bisschen Scham hatte, lauthals drauflos zu singen. Ich schaffe es bis heute nicht. Manchmal summe ich diese Lieder doch mal mutig vor mich hin, wenn ich unterwegs bin – ob es Mittwoch ist oder nicht.

🐚 Stecke andere mit einem Ohrwurm an.

RETTUNG IN LETZTER NOT

Wie immer in Thailand ist es so richtig warm. Und das obwohl es bereits dunkel ist, als mein Freund und ich aus dem Bus steigen. Nach der langen Fahrt sind wir total erledigt und wollen nur noch ins Bett. Erst müssen wir noch zu unserem Hotel finden, das laut Karte nicht weit weg ist. Wir hieven unsere Rucksäcke hoch und marschieren los. Dem Stadtplan zufolge können es nur wenige Minuten Fußweg bis dorthin sein. Der Schweiß läuft und meine Klamotten kleben am ganzen Körper. Der Rucksack ist viel zu schwer, meine Schultern schmerzen, der Verkehrslärm ist ohrenbetäubend und bei all den Gerüchen dreht sich mir der Magen um.
Kurz gesagt: Ich empfinde an diesem Abend einfach alles als schlecht und viel schlimmer, als es eigentlich ist. Ich bin hundemüde und habe genug für diesen Tag! Wir laufen und laufen und die Straße scheint kein Ende zu nehmen. Das Hotel ist nicht in Sicht. Gerade als ich an der Karte zweifele und mich meine Kräfte zu verlassen scheinen, hält ein großes Auto vor uns an. Das Fenster geht herunter, am Steuer sitzt ein junger Mann, neben ihm seine Frau, die uns fragt, wohin wir wollen. Sie sahen uns an der Straße laufen und wir würden verzweifelt aussehen. Wir zeigen auf unserer Karte das Hotel. »Oh, das ist aber noch sehr weit«, sagt der Mann. Spontan bieten sie an, uns zu fahren. Wir sind total baff. Wir nehmen die Rucksäcke ab, steigen ein und genießen die kühle Klimaanlage. Sie erzählen uns, dass der Busbahnhof vor kurzem nach außerhalb verlegt wurde. Darüber können wir alle

dann nur noch herzlich lachen. Mein Freund und ich sind überglücklich in diesem Moment – darüber, dass sich andere Menschen in einem fremden Land für einen interessieren und sorgen und aus reiner Menschlichkeit ihre Hilfe anbieten. Es ist nur eine kleine Autofahrt, aber eine große Geste, die in Erinnerung bleibt.

– Jennifer Al-Fil

🏵 Hilf einem Fremden oder einem Freund.

JASAGER

Als ich zu Beginn des Projekts viele Menschen, Organisationen und Initiativen kennenlernte und das Netzwerk täglich wuchs, war ich fasziniert davon, immer wieder spannende Leute und Möglichkeiten kennenzulernen. Als ich einem Bekannten jemanden vorstellen wollte, weil ich der festen Überzeugung war, dass dies thematisch sehr gut passt, lernte ich etwas fürs Leben. Er sagte Nein. Nein zu dieser Möglichkeit, nein zu der Einladung, Nein zu diesem neuen Kontakt. Und ich war baff. Im positiven Sinne. Denn es war kein böses Nein, kein ablehnendes. Er erklärte mir, dass seine Kapazitäten momentan ausgeschöpft seien. Zeitlich, fachlich und emotional. Er könne keine neuen Kontakte pflegen, so wie sie es sicher wert wären gepflegt zu werden. Das hat mich nachhaltig beeindruckt und ich merkte, dass ich hier noch sehr viel lernen muss. Seit jeher bin ich ein typischer Jasager. Ein Harmoniemensch, der möchte, dass es allen gutgeht. Mich selbst vergesse ich dabei manchmal. Ich habe es nie wirklich gelernt, Grenzen zu setzen, etwas abzulehnen und klar Nein zu sagen. Immer hilfsbereit, immer da und immer ein offenes Ohr für alle anderen. Vermittler und Verkuppler für alles und jeden. Das verleitet dazu, mich »mal eben schnell« um Gefallen zu bitten, aber auf Dauer kann das überfordern und belasten. Es ist alles andere als leicht, seine eigenen Muster zu durchbrechen und sich bewusst Freiräume zu schaffen, aber im Laufe der Zeit habe ich gemerkt, dass jedes Ja für jemand anderen auch ein Nein zu mir selbst bedeuten kann. Ich möchte mich also darin üben, mich regelmäßig zu fragen, ob ich die Dinge wirklich will und für wen ich das eigentlich mache. Natürlich muss man dann auch die Reaktionen von außen ertragen, aber ich bin mir sicher, wenn ich das nur halb so charmant hinbekomme wie mein Bekannter damals, muss ich mir keine Sorgen machen, sondern werde viele verdutzte, aber verständnisvolle Antworten erhalten.

🪷 Lerne, Nein zu sagen.

DAS GUTE LIEGT SO NAH

Überall gibt es riesige Konsumpaläste, in deren Gängen man sich verirrt und völlig vergisst, was man eigentlich kaufen wollte. Es gibt billige Discounter und unendliche Supermärkte mit verlockenden Angeboten. Grelle Schilder schreien einen an, was es alles Neues gibt, was man probieren, essen, sein und vor allem kaufen soll.

Und dann gibt es da aber auch noch etwas ganz anderes. Die kleinen Läden um die Ecke, die ihr Sortiment mit viel Herzblut auswählen und täglich frisch vertreiben. Bei einem dieser Läden bin ich seit Jahren sehr gerne Stammkunde. Alle paar Tage schaue ich dort vorbei und lasse mich von der großen Theke inspirieren, in der jedes Mal neue selbstgemachte Leckereien darauf warten, probiert zu werden. Der Besitzer ist ein etwas älterer Herr türkischer Herkunft, der mich jedes Mal herzlich begrüßt. Urlaubsfeeling kommt auf und ich erinnere mich an das temperamentvolle Treiben auf den Wochenmärkten im Süden.

Mein Beutel füllt sich mit frischem Obst und Gemüse und wenn ich mal einen Sonderwunsch habe, kann ich mir diesen direkt am nächsten Tag abholen, da dies beim Einkauf auf dem Großmarkt extra berücksichtigt wird.

Ein paar nach Mamas Rezept frisch eingelegte Oliven von der Theke und etwas Schafskäse finden natürlich auch noch den Weg in meine Tasche. Das frische Bauernbrot lacht mich an und wie jedes Mal bekomme ich etwas zum Probieren in die Hand gedrückt. Dieses Mal sind es getrocknete Feigen, die jeder Praline Konkurrenz machen.

Ich habe absolut kein schlechtes Gewissen, dass ich hier jedes Mal mehr einkaufe als geplant, zudem freue ich mich immer, wenn ich beim Namen mit einem solch herzlichen Akzent verabschiedet werde.

🐚 Kauf regional ein.

TICKTACK

Es ist Sonntag. Ein Tag ohne Uhr. Ich lasse mich treiben, ich folge meiner inneren Stimme. Ich genieße den Regen, der gegen mein Fenster klopft. Die Ruhe kehrt ein. Ich nehme die Wärme in meinem Bett wahr und empfinde Dankbarkeit. Wie schön sich Glück und Zufriedenheit anfühlen!

Ticktack. Die Zeit verfliegt. Ich lese bis Mittag in einem Buch, dann schlafe ich wieder ein. Mein spätes Frühstück genieße ich mit der Familie. Wie herrlich es ist, wenn alle durcheinander erzählen. Ich nehme mein Glück ganz bewusst wahr und spüre tiefe Liebe und Zufriedenheit. Entspannt verbringe ich Zeit in der Natur. Es regnet noch immer und die Musik der Blätter im menschenleeren Wald verzaubert mich. Nur die Schritte meines Hundes höre ich vor mir.

Ticktack. Die Zeit gehört mir. Keine Uhr. Keine Termine. Kein Druck. Nur Ich.

Ein warmes, duftendes Bad macht mich müde. Ich kuschele

auf dem Sofa und höre der Stille zu. Es gibt nichts Schöneres, als wenn sie zu mir spricht und ich ihr lausche.

Den Mut haben, die Uhr wegzulegen und die Zeit zu genießen – sie sich einfach zu nehmen und somit an einem Tag ohne Uhr Kraft und Energie zu tanken. Dem eigenen Kompass zu folgen – so geht Glück.

– Simone Langendörfer (Expertin für Achtsamkeit, Wertschätzung und Klarheit, Top-Keynote-Speakerin)

🪷 Leg deine Uhr ab und vergiss die Zeit.

WENIGER IST MEHR

Nach jedem Urlaub, jeder Reise und sowieso bei jedem Frühjahrsputz überkommt mich das Bedürfnis auszumisten. Es ist solch ein tolles und befreiendes Gefühl, sich auf das Wesentliche zu konzentrieren, seine Energie zu bündeln und sich bewusst zu machen, wie wenig man doch braucht. Außerdem realisiert man dann erst, welch unnötige Dinge jahrelang Platz weggenommen und irgendwie belastet haben. Unmengen an Ordnern mit alten Unterlagen, in die man zu Lebzeiten nie wieder reinschaut, komische Kleidersünden, die als Fehlkäufe im Schrank versauern oder die unsägliche Blumenvase, die man bei einer Familienfeier unfreiwillig überreicht bekam. Raus damit. Regelmäßig wende ich die 24-Monate-Regel an. Alles, was ich zwei Jahre nicht angeschaut oder benutzt habe, fliegt raus. Manchmal bin ich auch noch strenger und schaukele mich selbst hoch. Na gut, manche Dinge schaffen es dennoch, jahrzehntelang bei mir unbemerkt zu wohnen oder sie sind mir eben aus unerklärlichen Gründen ans Herz gewachsen und dürfen bleiben. Aber für die Müllhalde sind die meisten Sachen viel zu schade, also nehme ich mir einen großen Karton zur Hand und bemale ihn. »Zu verschenken – Bedien dich und mach dich glücklich« oder »Zum Mitnehmen – Hab ein schönes Wochenende!« Irgendein Spruch fällt mir immer ein und dann drapiere ich den ganzen Kram und stelle diese Installation der ungenutzten Dinge einfach vor das Haus. Es ist wie ein Bermudadreieck und ich kann mir sicher sein, wenn ich das nächste Mal runtergehe und nachschaue, sind die Dinge weg und ich stelle mir all die fröhlichen, neuen Besitzer vor, die nichtsahnend etwas gefunden haben, was sie gut gebrauchen können oder einfach nur schön finden. So findet jeder Topf seinen Deckel und da fällt mir ein, dass als Nächstes meine Küche dran ist!

🐚 Miste aus und verschenk deine alten Sachen an Freunde, Nachbarn oder eine soziale Einrichtung.

ALLTAGSHELD

In der Nachbarschaft gibt es eine sehr alte Dame. Fast jeden Tag begegne ich ihr irgendwo im Viertel. Im Vorbeigehen sehe ich sie aus der Haustür humpeln, mal biegt sie um die Ecke, läuft durch die Supermarktgänge oder sitzt alleine auf einer Bank. Ihr scheint es wichtig zu sein, jeden Tag rauszukommen, auch wenn sie sich nur noch schlecht und sehr langsam bewegen kann. Zu jeder Jahreszeit trägt sie ihre dünnen Strumpfhosen und eine kleine Mütze, alles in ein zartes Beige gehüllt. Immer ist sie alleine unterwegs. Mein Herz tut mir jedes Mal weh, wenn ich ihr nachschaue. Manchmal grüße ich sie und dann wachen ihre müden Augen mit dem leeren Blick plötzlich auf und strahlen in einem schönen Grau. Sie haucht mir ein leises Hallo entgegen. Dann ist der Moment meist schon wieder vorbei und ich gehe meines Weges.

Eines Tages begegne ich ihr wieder und dieses Mal strahlen meine Augen. Denn ich sehe neben ihr einen kleinen Jungen mit Rucksack laufen. Er kommt wohl gerade von der Schule und begleitet sie ein Stück. Sie scheinen so vertraut, auch wenn ich glaube, dass sie sich nicht kennen. Da läuft er ganz selbstverständlich langsam neben der Dame her, ihr Gehstock klackert im Takt ihrer Schritte. Sie versucht seinen wilden Geschichten zu folgen, aber ich glaube, es ist egal, was er ihr erzählt, sie findet es wunderbar. Dieser kleine Junge ist mein Alltagsheld und insgeheim habe ich ein sehr schlechtes Gewissen. Er zeigt mir und uns allen, wie leicht es ist, auf andere Menschen zuzugehen und das Leben miteinander zu teilen. Es kostet doch nichts und gibt so viel zurück. Ich nehme mir fest vor, das nächste Mal mehr als ein Hallo über die Lippen zu bekommen.

🐚 Sprich einen älteren Menschen an, der einsam sein könnte.

LAKENLIEBE

Der Haushalt macht sich ja leider nicht von alleine und auch das Bett muss ab und an gemacht werden, man möchte ja nicht monatelang in der gleichen Bettwäsche schlafen. Sonderlich viel Spaß macht das wohl niemandem – mit diesen riesigen Laken zu hantieren und zu versuchen, diese ordentlich und schön auf das Bett und die Decke zu bekommen, jedes Mal verheddere ich mich maßlos, fange wieder von vorne an und fluche leise vor mich hin. Doch nach und nach habe ich das Bettenmachen lieben gelernt. Denn es gibt nichts Schöneres als frisch gewaschene Bettwäsche!

Mich darin einzukuscheln, den Duft wahrzunehmen und den kuschelig weichen Stoff auf meiner Haut zu spüren. Am besten ist es zudem, wenn die Bettwäsche vom Trockner noch etwas aufgewärmt ist! Ich bin dann schon immer ganz ungeduldig und kann es nicht abwarten, endlich den Tag frisch und gemütlich ausklingen zu lassen und in die Federn zu springen.

– Vanessa Blaser

🐚 Bezieh dein Bett neu und genieß die Frische.

GRASHALMPFEIFEN

Meine Mittagspause verbringe ich gerne im Grünen, sofern es das Wetter zulässt. Da liege ich oft im Gras und beobachte die vorbeiziehenden Wolken, die wehenden Baumwipfel oder die umherspringenden Hunde. Mein Blick ist leicht verschwommen und die Finger bohren sich tief in die Halme hinein, bis sie die Erde berühren. Sie ist schön kühl und ich liebe es sehr, den ein oder anderen Halm herauszuziehen und auf ihm herumzukauen. Wie ein Cowboy fühle ich mich, während ich gedankenverloren vor mich hin knabbere. Während ich nach Hause laufe, beginne ich auf einem der Grashalme zu pfeifen. Ich halte ihn vorsichtig zwischen den Fingern, spanne ihn ein und puste langsam drauflos. Ich kann es noch, ganz wie früher! Stolz tue ich so, als spielte ich das Lied vom Tod und laufe dem vermeintlichen Sonnenuntergang entgegen.

🐚 Lerne, auf einem Grashalm zu pfeifen.

SILVESTERSENTIMENTALITÄT

Silvesternacht. In der Luft liegt jedes Jahr eine seltsame Stimmung. Es ist eine Mischung aus Nostalgie und Neuanfang. Alle sind unruhig. Sie sind entweder auf der Suche nach der besten Party in der Hoffnung, nichts zu verpassen, oder sie suchen nach sich selbst, dem Glück, der großen Liebe … Alle suchen und sind doch irgendwie orientierungslos. Meistens entziehe ich mich dem ganzen Organisationskram und dem Partystress. Ich muss nicht weiterziehen, Leute abklappern, Optionen ausloten. Mir geht es gut, wenn ich diesen Abend mit lieben Menschen in leckerer und lustiger Runde verbringen darf. Generell sollte man nicht zu viel auf diese eine Nacht setzen. Mach jede Nacht zu einer Silvesternacht. Jedes Mal, wenn es 0 Uhr schlägt, hat man die Chance, das Leben neu zu gestalten. Und dafür muss man nicht mal bis Mitternacht warten. Während wir in der warmen Stube sitzen und die Bäuche kugelrund mit Leckereien gefüllt sind, wird die Atmosphäre unruhiger. Ist es wirklich schon so weit? Wir könnten den Countdown auch sausen lassen und weiterhin zu unseren alten Lieblingsliedern tanzen, aber die Neugierde treibt uns trotzdem raus. Gemeinsam wandern wir auf den nahe liegenden Weinberg, der eiskalte Wind weht uns entgegen, der Nebel hüllt die Stadt gespenstisch ein. Da stehen wir und beobachten das Spektakel aus weiter Ferne, im Hintergrund singt Bowie für uns: »We can be heroes, just for one day. We can be us, just for one day …«

Wie Recht er hat. Die Raketen fliegen uns um die Ohren. Ich atme diesen besonderen Geruch tief ein, schaue auf meine Leute und verdrücke ein Tränchen. Das ist wohl meine spezielle Silvestersentimentalität. Jetzt geht es los, ich freue mich auf alles, was kommt.

🐚 Mach jeden Tag zu einem Neuanfang.

GLÜCKSKICK

Es gibt sehr viele einzelne Glücksmomente, die einen bewegen können, im Gedächtnis bleiben und dann auch in der Rückschau wieder einen glücklichen Moment bescheren können. Doch alle diese Momente sind eher etwas Kurzfristiges, ein kleiner »Glückskick«, aber nicht das große Glücksgefühl. Erst dadurch, dass ich mir bewusst werde, dass dies ein glücklicher Moment ist oder war, empfinde ich wirklich dieses Glücksgefühl. Einen echten Glücksmoment habe ich aber eher dadurch, dass ich nach einem solchen Kick mein Leben allgemein innerlich betrachte und überprüfe, ob alles in Balance ist – es meiner Frau, meiner Familie, meinen Freunden gutgeht und ich den Eindruck habe, aus meinen Potenzialen wirklich was zu machen. Wenn ich diese Fragen positiv beantworten kann, fange ich an, mit meinem Leben wirklich zufrieden zu sein und mich subjektiv wohlzufühlen. Dies ist dann für mich ein wahrer Glücksmoment, ein tiefes Gefühl und nicht nur ein Kick.

Meine langjährige Arbeit im Bereich der Glücksforschung hat mir geholfen, diese kleinen Kicks zu nutzen, um mir diese viel größeren Glücksmomente zu ermöglichen – durch mehr Bewusstsein über das Thema, aber vor allem über die Aspekte in meinem Leben, die mich unglücklich und vor allem aber glücklich machen. Am Morgen nach meiner Hochzeit hatte ich zum Beispiel einen solchen besonderen Moment. Ich lag im Bett neben meiner Frau, habe den Augenblick bewusst genossen und ihn genutzt, um mein Leben zu reflektieren und mich gleichzeitig auf unsere Zukunft zu freuen.

– Kai Ludwigs (Gründer der Happiness Research Organisation)

❀ Geh in dich und reflektiere deine kleinen Glücksmomente. Schreib sie auf.

RAUSGEPUTZT

Der Hausflur steht noch voller Kram, die sandigen Flipflops liegen etwas verlassen in der Ecke. Die letzten Wochen Campingurlaub waren wunderbar und das reduzierte Leben macht einfach immer wieder riesigen Spaß. Mit kaltem Wasser Katzenwäsche machen, am kleinen Bach die Zähne putzen, sich hinter Busch und Baum umziehen, die verwuschelten Haare im Rückspiegel bändigen – immer mit einer frischen Brise in der Nase.

Wieder zu Hause angekommen, heißt mich mein Badezimmer herzlich willkommen zurück. Ich genieße es, ausgiebig zu duschen, meine Zähne minutenlang mit der geliebten Elektrozahnbürste zu schrubben, mich zu cremen und zu schminken. Es ist ein tolles Gefühl, die Wimperntusche nach Wochen das erste Mal wieder aufzutragen und den Kajalstift zu schwingen. Das Rouge kann ich mir sparen, die Sonne hat mich geküsst. Einfach so suche ich mir mein Lieblingskleid heraus. Ich streiche über den dunkelblauen Stoff, ziehe mir die passenden Ohrringe an, rieche mein Parfüm. Es ist Samstagabend und ich habe nichts vor. Ich bin alleine zu Hause, drehe die Musik auf und tanze wild umher. Einfach so. Nur für mich und mein Spiegelbild.

🐚 Mach dich richtig schick. Nur für dich.

STARKES SCHLÜCKCHEN

Glück fängt für mich an, wenn ich mich schon den ganzen Tag auf einen wirklich guten Espresso freue und er dann irgendwann vor mir steht. In einer kleinen angewärmten dicken Tasse. Nur ein ganz kleines lecker-starkes Schlückchen. Der Schaum auf dem Kaffee ist haselnussbraun und fein. Herrlich. Ich reise innerlich nach Italien. Wenn ich dann den Zucker aus dem Zuckerstreuer reinrieseln lasse, dann fällt er gar nicht direkt nach unten, sondern sackt ganz langsam und gemächlich ab. Dann rühre ich um und der feine Schaum wird in viele verschiedene Brauntöne verwirbelt. Der Löffel klappert am Tassenrand. Ich trinke. Und es schmeckt himmlisch. Noch besser, als ich erwartet habe. Die eigentlich große Portion Glück erwischt mich dann hin und wieder ganz unerwartet. Nämlich in dem Moment, in dem ich entdecke, dass am Boden der Tasse noch unaufgelöster Zucker liegt. Dann grinse ich selig und löffele den Zucker-Espresso-Sirup – das Beste der ganzen Tasse – aus und freue mich, dass es im Mund knuspert.

– Heike Frank

🌺 Spendiere jemandem einen Kaffee.

GLÜCKSKEKSBÄCKEREI

Es ist ein Sonntagnachmittag und das ganze Mehrfamilienhaus duftet wie eine Bäckerei. Unsere Küche sieht aus wie ein Schlachtfeld. Ich muss lachen, als ich meinen Mann und mich betrachte: Bis zum Scheitel mit Mehl verschmiert, klebriger Teig hängt an den Klamotten, die misslungenen Kekse stapeln sich auf dem Esstisch und landen in unseren Mündern. Wir backen Glückskekse für die nahende Kino-Veranstaltung. Über 300 Gäste werden erwartet, die alle mehr über das Thema Glück erfahren möchten. Und ich habe vor, jedem Einzelnen einen Glückskeks zu schenken. Nichts Gekauftes, sondern etwas, das von Herzen kommt und mit der Hand gemacht ist. Das ist mir wichtig und ich bin sehr dankbar, eine so tolle Küchenhilfe zu haben, mit der selbst das größte Chaos unendlich viel Spaß macht. Selbst als wir abends im Bett liegen, haben wir noch den süßlichen Duft des Teigs in der Nase. Oder halt, da klebt noch etwas. Wir sind todmüde und schlafen lachend ein.

Wer sich auch darin versuchen möchte, für den gibt es hier das Rezept: 250 g Zucker, 150 g Mehl, 100 g Butter, 50 g gemahlene Mandeln, 1 Prise Salz, 3 Eiweiß, ein wenig Öl. Zutaten verrühren und die vorher zurecht geschnittenen Zettelchen bereitlegen. Am besten werden aus dem Backpapier Kreise mit einem Durchmesser von 8 cm geschnitten. Darauf verteilt man hauchdünn den Teig. So lassen sich die Kreise hinterher leicht nehmen und falten. Das Blech mit den bestrichenen Backpapierkreisen wenige Minuten in den vorgeheizten Backofen geben und bei 175°C backen, bis der Teig goldbraun ist. Nun bestückt man jeden Teigfladen mit einem Zettel und faltet ihn einmal in der Mitte. Dann legt man den Halbkreis so, dass er in der typischen Form hart werden kann. Der Teig wird sehr schnell hart, man muss also flink sein! Guten Appetit!

🐚 Backe Glückskekse mit lieben Botschaften und verschenke sie.

HEIMLICHE SPINNEREI

Das Esszimmer ist in ein schönes Licht gehüllt, es flackern Kerzen und Teelichter fröhlich vor sich hin, die neue rote Tischdecke liegt unter unseren Tellern, die wir gerade leerkratzen. Fast möchte ich meinen in die Hand nehmen und den restlichen Klacks Soße genüsslich herunterschlecken, so lecker war es! Aber wir haben ja Gäste. Das macht man ja auch nicht. Die Mägen sind voll, die Teller leer. Die Weinflasche leider auch. Während mein Mann in den Keller geht, um Nachschub zu holen, machen es sich unsere Gäste im Wohnzimmer bequem, ich bringe derweil die Küche schnell auf Vordermann. Meine Chance! Ich bin alleine. Schnell schnappe ich mir meinen Teller und lecke ganz genüsslich den letzten Klecks Sahnesoße vom Rand. Und weil ich gerade so schön in Stimmung bin, stecke ich auch noch meinen kleinen Finger in das warme Kerzenwachs, das unmittelbar auf der Haut erhärtet und eine kleine Schutzschicht bildet. Ringfinger, Mittelfinger, Zeigefinger … Ich liebe das Gefühl, mit dem Daumen über die wachstauben Fingerkuppen zu streichen. Ich fühle mich sehr rebellisch. Einer der Gäste kommt rein und fragt nach einem frischen Weinglas. Es muss lustig aussehen, wie ich meine Finger unauffällig versteckend das Glas aus dem Schrank hole.

🐚 Geh deinen heimlichen Spleens nach. Erzähl jemandem davon und lacht darüber.

DER COIN-EFFECT

Eine der ersten ministerialen Aktionen war es, kleine Münzen mit Fragen und Botschaften zu bekleben, was eine Riesenarbeit war, aber dafür umso mehr Spaß gemacht hat. Das ganze Kleingeld wurde anschließend liebevoll in der Umgebung verteilt. Bei Vorträgen werfe ich schon mal gerne eine Hand voll Geldstücke und Glückspfennige in die Menge und bin immer wieder über die Reaktionen erfreut. Aber besonders viel Spaß macht es, diese kleinen Glücksbotschaften heimlich in der Umwelt zu platzieren. So kommt es vor, dass meine Hosentasche voller Münzen ist, wenn ich das Haus verlasse, und ich sie hier und da einfach fallen lasse. Sie werden in Parkautomaten gelegt oder auf Stromkästen hinterlassen und am liebsten in Sichtweite meines Lieblingscafés, sodass ich gemütlich bei einer großen Tasse Milchkaffee die Menschen dabei beobachten kann, wie sie das Kleingeld finden, sich freuen, die Nachricht darauf entdecken und mit verwunderten, aber fröhlichen Mienen weiterziehen. In der Glücksforschung nennt man das auch den »Coin-Effect«, denn das Finden einer Münze beeinträchtigt das subjektive Glücksempfinden innerhalb dieses Moments enorm, was die neutrale Abfrage des Wohlbefindens beeinträchtigen kann. Aber da wir im Alltag eher selten an Glücksumfragen teilnehmen, darf man sich auch mal kurzfristig über ein gefundenes Geldstück freuen.

🐚 Verstecke Münzen oder leg sie auf die Straße, sodass andere sie finden.

KLEINES UNIVERSUM

Mein Arbeitsweg besteht aus einer 45-minütigen Autofahrt. Immer wieder werde ich gefragt, ob es nicht tierisch nervt und anstrengend ist, täglich eineinhalb Stunden auf den Straßen dieser Welt zu verbringen. Als ich wieder einmal darauf angesprochen wurde, habe ich mir bewusst die Fahrzeit vor Augen geführt und festgestellt, dass ich diese Zeit in meinem Alltag doch sehr schätze und gar nicht als Belastung empfinde. Warum? Nicht wegen der hupenden Autos um mich herum, auch nicht wegen der langsam fahrenden LKW. Aber es ist Zeit für mich, in der ich etwas tue, was sich auch nur ohne Publikum realisieren lässt: Ich singe.

Laut. Sicherlich schief. Nicht immer bis ins kleinste Detail textsicher. Aber ich singe zur Radiomusik und fühle mich einfach gut dabei. Manchmal und völlig unerwartet kommen Assoziationen, Gedanken, Bilder, Erlebnisse, die ich mit den einzelnen Songs verbinde und die mir ein Lächeln ist Gesicht zaubern. So mache ich diese Zeit für mich zu erfüllten Momenten in meinem kleinen Universum. Einen schönen Nebeneffekt hat das Ganze auch: Ich lasse Ärger oder Probleme zurück, wenn ich in mein Auto steige. Abschalten. Radio an. Welt aus.

– Steffi Thees

🌀 Sing im Auto so laut du kannst.

ALLTAGSCLOWN

Mein Auto ist vollgepackt mit Material und ich habe es eigentlich ziemlich eilig, um zu einem wichtigen Vortrag zu kommen. Der Weg aus der Stadt raus zieht sich nun allerdings schon seit Ewigkeiten und ich stecke mitten im Feierabendverkehr. Ich kämpfe mich von roter Ampel zu roter Ampel und nehme es zum Glück sehr gelassen. Dafür ärgert sich der Herr hinter mir bereits grün und blau. Aber was soll ich ändern? Ich drehe meinen Rückspiegel weg, damit ich das demotivierende Gesicht nicht weiter ertragen muss, das mich die ganze Zeit zu beschimpfen scheint.

Mittlerweile zuckelt sogar noch die Straßenbahn vor mir her und hält an jeder Haltestelle an. Überholen unmöglich.

Ein kleines Mädchen setzt sich in die letzte Reihe der Straßenbahn und schaut durch die Scheibe nach hinten hinaus. Die Blicke erkunden die Gesamtsituation, bis es mich ansieht. Sein Gesichtsausdruck ist neutral, es schaut neugierig und offen. Da mir gerade langweilig ist, winke ich erst kurz, um seine ganze Aufmerksamkeit zu bekommen und fange dann an, wilde Grimassen zu schneiden.

Das Kind ist erst kurz verwundert, sieht sich um und kichert dann fröhlich drauflos. Aber es hat schon verstanden: Jetzt ist es selbst an der Reihe und schon beginnt die Kleine, mir mächtig Konkurrenz zu machen. So geht es hin und her und wir übertreffen uns darin, unsere Gesichter fast bis zur Unkenntlichkeit zu verziehen. Der Herr im hinteren Auto steht nun mittlerweile neben mir, weil er verzweifelt versucht zu überholen. Als er das Spektakel mitbekommt, entnehme ich sogar seinem Gesicht so etwas Ähnliches wie ein Schmunzeln. Als auch ich mit Abbiegen dran bin, tut es mir fast ein wenig leid. Ich winke zum Abschied und fahre mit einem tiefenentspannten und fröhlichen Gefühl weiter.

🐚 Nimm dir Zeit, um mit Kindern zu scherzen.

AUSGESAUGT

Klick. Mein Newsletter ist gerade wieder raus. Und prompt trudelt eine E-Mail ein: »Ihre Generation interessiert mich nicht.« Früher habe ich mir dazu echt noch Gedanken gemacht, es hätte mich ewig beschäftigt. Heute bin ich gelassen, lösche den Herrn aus der Liste und antworte: »Warum haben Sie sich dann in meinen Newsletter eingetragen?«

Glück hängt für mich mit meinem Energiehaushalt zusammen. Das ist absolut nicht esoterisch, mit Spiritualität habe ich nämlich wenig am Hut. Und doch habe ich gelernt: Im Leben dreht sich alles um Energie. Sind wir gut gelaunt, lebensfroh, glücklich, haben wir viel Energie. Sind wir schlecht drauf, pessimistisch, unglücklich, entzieht uns das Energie.

Um glücklich zu sein, gehört für mich auch dazu, dass ich mich von Menschen fernhalte, die mich runterziehen – die sogenannten Energievampire. Es gibt einige, die mich aussaugen, um ihren eigenen Energiehaushalt wieder geradezubiegen. Es sind die Neider, Jammerer, Miesepeter und emotionalen Erpresser. Die, die sich selbst in der Opfer- statt der Gestalterrolle sehen. Gefährlich! Die saugen! Das können Chefs sein, Kollegen, Bekannte, Freunde. Vielleicht ist es sogar der eigene Partner. Sie gönnen einem das Glück nicht, lästern gerne, schieben anderen die Schuld in die Schuhe, streben nach Aufmerksamkeit und nehmen sich selbst zu wichtig. Seitdem ich weiß, dass es solche Menschen gibt, versuche ich aktiv, mich von diesen Energievampiren fernzuhalten. Dadurch geht es mir besser, ich bin glücklicher. Love it, change it or leave it – danach urteile ich. Tut mir jemand gut, darf sie oder er in meinem Umfeld bleiben. Tut sie oder er mir nicht gut, kommt es drauf an: Kann ich etwas verändern? Kann der andere etwas verändern? Oder ist die Beziehung hoffnungslos? Dann löse ich mich zügig aus der Situation. Klar, das ist nicht immer einfach und mit (emotionalem) Stress verbunden. Langfristig aber zahle ich damit auf mein Glückskonto ein. Ausprobieren lohnt sich, glücklich sein erst recht!

– Dr. Steffi Burkhart (Autorin, Speakerin, Expertin zum Thema Generation Y)

🐚 Überleg dir, welche Menschen dir gut tun und welche nicht.

BANK DER BEGEGNUNG

Immer öfter fallen mir verwaiste Bänke im öffentlichen Raum auf. Halb verrottet fristen sie ein tristes Dasein und sind zu nichts mehr nütze. Dazu kommt noch, dass die Menschen immer schneller an ihnen vorbeizuhetzen scheinen. Die Leute nehmen nichts um sich herum wahr, sind im Stress, starren auf ihre Smartphones oder beamen sich mit lauter Musik in ein Paralleluniversum. Niemand scheint sich in die Augen zu schauen, geschweige denn das Gespräch zu suchen. Diese beiden Phänomene – gestresste Menschen und die leeren

Bänke – lassen sich doch hervorragend miteinander verbinden! Und da man die Welt bekanntlich schlecht alleine retten kann, mache ich daraus kurzerhand eine Aktion für den Weltglückstag. Ich rufe dazu auf, einsame Bänke in der Umgebung, die ein bisschen Zuneigung gut gebrauchen könnten, wieder flott zu machen. Kreative Umgestaltung, die die Sitzgelegenheiten zu bunten Bänken der Begegnung werden lassen. Der Fantasie sind keine Grenzen gesetzt und eine genaue Vorgabe gibt es nicht. Ich bin bei solchen Sachen immer wieder gespannt, erstaunt und berührt, wie viel Kreativität und Schaffenskraft in den Leuten steckt. Plötzlich sprudelt es und es werden Ideen realisiert, von denen man nie zu träumen wagte. So kommt es, dass sich immer mehr Menschen zusammentun, um die Bänke in ihrem Stadtviertel neu zu gestalten. Sie werden angemalt, behängt, erweitert und bestückt. Ganze kleine Wohnzimmer und Tauschbörsen entstehen. Bücherregale werden angebracht, Blumen außen herum gepflanzt, Nachbarnetzwerke und Kontaktbörsen aktiviert, um die Menschen in der eigenen Umgebung mal wieder wahrzunehmen und mit ihnen durch diese Bänke näher kennenzulernen. Manchmal braucht es nur einen kleinen bunten Eisbrecher wie eine solche Aktion und daraus entstehen viele neue Dinge, wie eine kleine Lawine passieren plötzlich die schönsten Geschichten.

🐚 Setz dich auf eine Bank und lade eine unbekannte Person zum Verweilen ein.

FAXGESPRÄCHE

Als Kind hatte ich viele Brieffreunde. Sie waren sehr unterschiedlich und einige von ihnen habe ich noch nie persönlich kennen gelernt. Manchmal kannte ich sie durch Anzeigen, manchmal über eine oder zwei Ecken durch Freunde oder Familie. Wir tauschten die unterschiedlichsten Erfahrungen, Berichte, Gefühle und Erlebnisse aus. Immer untermalt mit Fotos oder Zeichnungen. Ich liebte es, Briefe und Karten zu schreiben und zu verzieren und es gab nichts

Aufregenderes, als von der Schule heimzukommen und einen bunten Brief zu entdecken. Der Tag war gerettet und ich stürzte mich in mein Zimmer, um die Zeilen zu verschlingen. Als meine beste Freundin aus der Grundschule zurück nach Schweden zog, perfektionierten wir die Kunst der Brieffreundschaft. Ganze Ordner wurden angelegt, die verrücktesten Utensilien wurden verschickt, geschmückt mit viel Liebe zum Detail, um die aktuelle Lebenssituation zu verdeutlichen. Als ich meinen Vater im Büro besuchte, kam ich eines Tages auf eine verrückte Idee. Das Faxgerät faszinierte mich schon seit Ewigkeiten und nun wusste ich endlich, wofür man es benutzen konnte: um Faxgespräche mit meiner besten Freundin zu führen! Wir verabredeten kurzum für einen bestimmten Tag und eine exakte Uhrzeit, dass wir dann beide gleichzeitig vor dem jeweiligen Faxgerät sitzen würden. Dann ging es los und wir konnten tatsächlich in Echtzeit kommunizieren. Die Faxrolle glühte genauso wie meine Augen. Es war so aufregend zu sehen, wie die eigenen Zeilen zur selben Zeit am anderen Ende von Europa ankommen und man sofort eine Antwort darauf erhält. In Zeiten von E-Mail, SMS und Chat muss man heute darüber schmunzeln, aber ich erinnere mich sehr gerne an diese Momente und zücke einen Stift, um ihr mal wieder eine Karte zu schreiben.

🪷 Schick einen handgeschriebenen Brief oder eine Karte an einen guten Freund.

HUNDEFELLPAUSEN

Acht Uhr morgens: Meine drei Kinder sitzen nun in der Schule. Hinter mir liegen fast zwei Stunden Wecken, Motivieren, Anziehen und zu guter Letzt startet jedes Kind gut bepackt mit Frühstück im Bauch und Fahrradhelm auf dem Kopf in Richtung Schule. Zwischendrin heißt es noch schnell unseren Hund für das kleine Geschäft rausbringen. Da ich chronisch schmerzkrank bin, ist jeder

Morgen ein harter Kampf für mich. Alles tut weh und ich habe Mühe, auf die Beine zu kommen. Nach dem Trubel sinke ich erschöpft auf die Couch und es kehrt eine wunderbare Ruhe ein. Ich genieße mit einem Tässchen Kaffee und in Gesellschaft meines Hundes eine kleine Pause. Ich streichele durch das watteweiche Fell, während mir leise schnaufend der Bauch entgegengestreckt wird. Purer Genuss.
Für mich ist diese Berührung ein Streicheln unserer beider Seelen zugleich. Meine sehr starken Schmerzen treten in diesem Moment in den Hintergrund.

Kuscheln mit meinem Hund sind meine Glücksmomente im Alleinerziehendenalltag unter chronischen Schmerzen. Hundefellpausen sind meine kleinen Schmerztherapien für zwischendurch.

– Anne-Kathrin Hölscher

🐚 Führe einen Hund aus dem Tierheim Gassi.

VOM KOCHEN UND KALKULIEREN

»Die wahre Tragödie des Lebens ist nicht, dass jeder Einzelne von uns nicht genug Stärken hat, sondern dass wir diejenigen, die wir haben, nicht einsetzen.« Dieses Zitat von Buckingham und Clifton hat so viel Wahres in sich und ich erinnere mich gerne an eine besondere Geschichte eines Kunden zurück: Ein Mitarbeiter einer Hotelgruppe ist als Koch sehr unzufrieden. »Es macht mir einfach immer weniger Spaß«, erzählt er oft seiner Frau. So kann es nicht weitergehen. Er fasst den Entschluss, sich mehr mit sich selbst zu beschäftigen und geht in die Selbstreflexion: Was kann ich wirklich gut? Was macht mir Spaß? Was ist für mich wirklich bedeutsam?

Nach einer längeren Einkehr kommt er zu dem Ergebnis, dass er es liebt, sich mit Zahlen zu beschäftigen. Das macht er für sein Leben gern. Stundenlang kann er sich zu Hause in Tabellen verlieren. Aber soll er seinen Chef darauf ansprechen? Wie würde er reagieren? Das Unternehmen hat sich für eine neue Unternehmenskultur ausgesprochen, aber es ist riskant. Andererseits will er auch nicht einfach so weitermachen. Also fasst er sich ein Herz. Bei der nächsten Gelegenheit spricht er den Geschäftsführer an: »Ich bin mit meiner beruflichen Situation unzufrieden. Nach langem Reflektieren weiß ich jetzt, dass ich mit dem Kochberuf meinem Vater nachgeeifert bin. Ich habe aber ein enormes Interesse, mit Zahlen umzugehen – und das kann ich auch sehr gut.« Der Chef hört interessiert zu, was der Koch zu sagen hat. Ihm ist klar, dass er einen Koch verloren hat. Aber kann man sein Talent anderweitig nutzen? Er hat eine Position im Controlling frei, aber würde das gehen? Der Mitarbeiter hat schließlich keine Berufserfahrung in diesem Bereich. Sie entschließen sie sich dazu, es zu versuchen. Der ehemalige Koch entwickelt sich zum Chef-Controller. Er selbst hat viel mehr Spaß in der Arbeit und auch das Unternehmen profitiert davon.

– Dr. Oliver Haas (Gründer von CORPORATE HAPPINESS)

 Mach eine Liste mit deinen Stärken.

LIEBESBRIEFE

Schon als kleines Kind fand ich es jedes Mal faszinierend, wenn meine Tante aus dem hohen Norden zu Besuch war. Sie hatte die Angewohnheit, in der ganzen Wohnung meiner Oma kleine Zettelchen mit lieben Worten zu verstecken, sodass sie über das Jahr hinweg nach und nach entdeckt wurden. Meine Oma hatte so immer wieder kleine Momente der Freude und auch wenn sie Hunderte Kilometer trennen, sind sie sich in all diesen kleinen Momenten ganz nah. Die strahlenden Augen meiner Oma glichen jedes Mal fast der Euphorie von Kindern, wenn sie wieder ein buntes Osterei entdeckt haben. Das wollte ich auch bewirken! Und so bemalte und beschrieb ich Nachmittag für Nachmittag Hunderte kleiner Zettelchen und verteilte sie regelmäßig in der Nachbarschaft. In Briefkästen, Fahrradkörbe, an Scheibenwischer und in Parkuhren versteckte ich die kleinen bunten Papierstücke mit kindlichen Weisheiten, Fragen und Zeichnungen darauf. Im Laufe der Jahre ist dieser Brauch in Vergessenheit geraten, aber heutzutage schicke ich regelmäßig Workshopteilnehmer raus, um die Welt zu entdecken und eine Aufgabe ist es unter anderem, kleine bunte Liebesbriefchen in der Umgebung zu verteilen. Man glaubt gar nicht, wie die Augen plötzlich wieder strahlen, als sei man der Osterhase höchstpersönlich.

🐚 Schreib Zettelchen mit lieben Botschaften und verteil sie in deiner Umgebung.

DER TÜRKISBLAUE TORSCHREI

Der Strand vor der kleinen Bucht liegt in der warmen Nachmittagssonne. Es ist Ende März und der Frühling lässt mich zum ersten Mal in diesem Jahr die nahende Kraft des Sommers spüren. Zu der dem Strand vorgelagerten kleinen Wiese läuft mein jüngster Sohn, den Fußball unter seinen Arm geklemmt. Neben der Wiese liegt meine Frau und blättert versonnen in ihrem Buch. Die beiden Tore für das Spiel bauen meine beiden älteren Söhne aus ihren Handtüchern und Turnschuhen. Ich muss schmunzeln, denn mein Motto lautet: »Perfektion ist lebensfeindlich. Glück entsteht im Provisorischen.« Meine Tochter möchte wie ihr Lieblingsheld aus »Die phantastischen Elf« der Torwart sein. Ich kicke zusammen mit einem meiner Söhne in ihrem Team gegen die anderen. Das Spiel beginnt und mein Blick schweift von der Wiese, auf der meine Kinder um den Ball kämpfen, zu dem türkisfarbenen Wasser in der Bucht, das in der Weite des Horizonts in ein immer tieferes Blau übergeht. Vom Meer weht ein wohlig-weicher Wind. Für einen Augenblick ist die Welt in eine friedvoll bewegte Ewigkeit getaucht. Meine Kinder jagen johlend dem Ball hinterher. Die sanften Wellen branden leise brechend, bis der Torschrei meiner Tochter sie für einen Moment triumphierend übertönt.

– Stephan Grünewald (Psychologe, Mitbegründer des rheingold-Instituts, Autor u. a. von *Die erschöpfte Gesellschaft*)

🐚 Fordere andere spontan zu einem lustigen Spiel auf.

MÜLLMANNLIEBE

Es ist Dienstagmorgen, kurz vor halb 8. Wie jede Woche stehe ich erwartungsvoll auf dem Balkon. Bei Wind und Wetter mache ich es möglich, jeder Plan, jeder Termin meiner Mutter muss nun warten. Ich bin wohl gerade mal einen Meter hoch und kann nicht über das Balkongeländer des dritten Stocks schauen. Deshalb haben mir meine Eltern Sehschlitze in die Abdeckung geschnitten, sodass ich hinunterschielen kann. Mein Herz schlägt und ich kann es kaum abwarten. Nun zählt nur noch eins: mein Müllmann. In dem Augenblick, als das orangefarbene große Auto um die Ecke biegt, ist meine Welt in Ordnung. Ich recke und strecke mich, um zu entdecken, ob auch der »richtige« Müllmann mit an Bord ist. Er ist so weit weg, aber ich kann ihn jedes Mal breit grinsen sehen, wenn er in unsere Straße einbiegt. Meine Mutter nimmt mich auf den Arm, damit ich besser schauen und vor allem wild winken kann. Er winkt immer zurück und es ist jedes Mal ein großes

Highlight für mich. Ich bin fasziniert von seiner Arbeit, seinem Fleiß und der guten Laune, die er jede Woche mitbringt. Eine fröhliche Konstante, die mein Kinderherz höher schlagen lässt.

Als ich vor kurzem mit meinen Eltern unterwegs bin und wir an einer großen Theke im Supermarkt warten, tippt mich meine Mutter an und flüstert mir zu, dass dort vorne »mein Müllmann« stünde. Ich erkenne ihn nicht wieder, aber fasse mir ein Herz und gehe auf ihn zu. Er ist etwas irritiert, aber als er versteht, dass ich das kleine Mädchen vom Balkon bin, freut er sich riesig und wir teilen uns die Oliven, die er gerade gekauft hat.

🐚 Überlege dir, wer dein Held der Kindheit war, und nimm Kontakt auf, wenn es möglich ist.

HIMMIHERRGOTTSAKRAMENT

An sich bin ich ja ein friedliebender Mensch. Ich kann es nicht haben, wenn irgendwo Streit in der Luft liegt, wenn Leute ungerecht behandelt werden oder grundlos schlechte Laune versprühen. Aber wenn mir jemand beim Autofahren dumm kommt, mich nicht ernst nimmt und wie ein kleines Fräulein behandelt, wenn mir meine Lieblingstasse runterfällt oder ich das Badezimmer unter Wasser setze, dann kann ich auch ganz anders!

Gerade als ich die Treppe runtersprinte, reißt der Beutel mit dem Biomüll. Der ganze Klumpatsch verteilt sich über mehrere Treppen und sifft vor sich hin. Ich ärgere mich so sehr über mich selbst, dass ich kaum mitbekomme, wie laut ich im Treppenhaus vor mich hin fluche. Da kommen plötzlich Wörter hervor, von denen der kreativste Schimpfwortgenerator nur träumen kann. Als ich also laut murrend den gröbsten Schaden beheben möchte, kommt mein Nachbar aus der Tür und wundert sich, was hier vor sich geht. Er schaut mich an, ich fühle mich ertappt und wir beide müssen lachen. Gemeinsam retten wir die Situation und danach fühle ich mich richtig gut. Wegen der witzigen Begegnung. Aber garantiert auch wegen des ausgelassenen Fluchens.

🐚 Wenn etwas schiefgeht, fluche von ganzem Herzen.

LIEBDRÜCK

Manchmal scheint alles etwas schwerer zu laufen. Man kommt nicht in die Gänge, irgendetwas bedrückt einen, man hat ein unangenehmes Gespräch vor sich oder man fühlt sich vom Leben mal wieder ungerecht behandelt. Manchmal ist aber auch alles einfach in Ordnung, man fühlt sich leicht und frei und möchte das gerne weitergeben. Egal, in welcher Situation man sich befindet, eines hilft immer: ein beherzter »Liebdrück«. Eine feste Umarmung mit einem lieben Menschen, so fest, dass beide nicht mehr fester können. Ein einziger Knuddelklumpen, der einen für einen winzigen Moment alles um einen herum vergessen lässt. Vielleicht liegt es am Sauerstoffmangel, vielleicht aber auch einfach an dem schönen Gefühl, lieb gehabt zu werden. Was auch immer davor war, danach ist alles gut. Man atmet tief ein und fühlt sich befreit und geliebt.

🐚 Drück einen lieben Menschen so fest an dich, wie du kannst.

WIEDERSEHEN ZWISCHEN LEBEN UND TOD

Zu meiner Tante habe ich eine sehr enge Bindung, da wir wie Geschwister aufgewachsen sind und uns nur ein paar Jahre trennen.

Sie und ihr Mann hatten vor Jahren einen schlimmen Unfall. Beide kamen voneinander getrennt in unterschiedliche Krankenhäuser. Meine Tante hatte es ziemlich schlimm erwischt und sie lag lange Zeit im Koma, seit dem Unfall hatten ihr Mann und sie sich nicht mehr gesehen und dies war besonders für meinen Onkel unerträglich, da er der Fahrer des Wagens war und ihn die Schuldgefühle plagten. Bei einem meiner Besuche verkündete er mir, dass er jetzt so weit genesen sei, dass ich mit ihm am nächsten Tag eine Runde im Krankenhauspark drehen dürfte, er würde aber nicht in den Park gehen wollen, sondern ich sollte mit ihm heimlich zu meiner Tante fahren.

Am folgenden Tag besorgte ich Blumen und ein Taxi, mit klopfenden Herzen holte ich meinen Onkel vom Krankenhaus ab, um mit ihm zum ersten Wiedersehen mit seiner Frau zu fahren. Wir saßen beide schweigend im Auto, unfähig auch nur ein Wort zu sagen, und auf dem Weg in das Krankenzimmer war die Spannung schier unerträglich. Ich ging zuerst ins Zimmer, um meine Tante auf den Besuch vorzubereiten, außer Gestammel bekam ich aber nichts Vernünftiges heraus, dann stürmte mein Onkel ins Zimmer. Sie umarmten sich. Unendlich lange. Es war ein magischer Moment, wunderschön und doch auch so schwer. Beide schwebten zwischen Leben und Tod, jeder für sich und sie hatten sich viele Wochen nicht gesehen. Die Tränen liefen mir über die Wangen und ich verließ das Zimmer, damit beide ungestört sein und ihren besonderen Moment genießen konnten.

– Liane Hoder

🌼 Sag deinen Lieblingsmenschen mal wieder, wie wichtig sie dir sind.

BASSBEBEN

Es ist viel zu eng, laut und stickig. Ein Ellenbogen nach dem anderen landet in meinem Gesicht oder in den Rippen, es wird von allen Seiten gedrückt und gedrängelt. Und ich kann mir in diesem Moment nichts Schöneres vorstellen! Mein Gesichtsausdruck ist eine Mischung aus Neugierde, Unsicherheit und totaler Euphorie. Ich lasse mich von der Masse der Menschen treiben und bin mittendrin. Die Luft ist zum Zerschneiden dick, es riecht nach Parfüm, Schweiß und Wodka-Energy. Die Vorband hat gerade ihre letzten Töne gespielt, die Crew baut schnell und doch in aller Ruhe die Bühne um. Ich stehe auf meinen Zehenspitzen und erkenne zwischen all den fremden Köpfen schon die altbekannten Gitarren, die auf die Bühne gebracht werden. Das Licht geht schlagartig aus, was meinen Adrenalinspiegel auf Anhieb in die Höhe treibt. Es ist stockdunkel, das Publikum grölt, die Leute juchzen, singen, trampeln und beginnen, im Rhythmus zu klatschen. Die Stimmung ist erwartungsvoll ungeduldig und euphorisch aufgeladen. Meine Lungen kitzeln bei jedem Atemzug, alles vibriert – Der Bass setzt ein, der Boden bebt und ich brenne durch.

🐚 Geh auf ein Konzert deiner Lieblingsband.

NICHT GUT GENUG UND DOCH PERFEKT

Als Flüchtling eines Bürgerkriegs nach Deutschland zu kommen, fühlt sich so an, als würde man als Baum aus der Verwurzelung gerissen, anschließend in völlig neuen Boden verpflanzt, um dann unter ganz anderen Witterungsverhältnissen aufwachsen zu müssen. Ich kann mich noch gut an meinen ersten Schultag in Deutschland erinnern: Meine Klassenlehrerin bringt mich in meine neue Klasse. Mit brüchigem

Deutsch stelle ich mich vor. Meine Mitschüler fangen an zu tuscheln und zu lachen. Das ist der Moment, in dem man sich wünscht, dass sich der Boden auftut. Unsicher stehe ich da, mitten im Klassenzimmer und doch ganz allein. Dies ist der Schlüsselmoment, in dem ich mich entscheide, absolut mein Bestes zu geben. Ich verstehe: Wenn ich hier durchkommen will, dann muss ich immer ein bisschen besser sein als die anderen. Es ist  mir verdammt wichtig, wie andere mich sehen und über mich denken. Mein Handeln ist aus dieser Motivation heraus geprägt worden. Die Angst, nicht gut genug für andere zu sein, begleitet mich Jahre darüber hinaus. Es dauert eine ganze Weile, bis ich durch Erfahrungen zur wichtigen Erkenntnis komme: Du kannst nicht immer beeinflussen, was andere über dich denken oder sagen. Aber du kannst immer entscheiden, ob es dich interessiert oder nicht. Das einzig Wichtige im Leben ist, dass es dir gutgeht. Wenn du vor Entscheidungen stehst, stell jedes Mal die Frage: Fühlt sich das gut oder schlecht an, wenn ich mich so oder anders entscheide? Sei mutig genug, alles dafür zu tun, um dich glücklich zu machen. Ob wir uns dem negativen Denken hingeben, ist ebenfalls eine Entscheidung. Denn mit schlechten Gedanken verhält es sich in Wirklichkeit so: Sie sind wie Vögel, die über unserem Kopf fliegen. Das können wir nicht verhindern. Das Einzige jedoch, was wir verhindern können, ist, dass sie sich in unserem Kopf einnisten.

– Elmar Rassi (Glückscoach und Speaker)

🐚 Nimm Klatschmäulern den Wind aus den Segeln, wenn du hörst, dass sie schlecht über jemanden reden.

TATORTPIZZA

Mein Arbeitsalltag als Glücksministerin kann abwechslungsreich und aufregend sein, was ich auch äußerst spannend finde und sehr liebe, aber gewisse Anker im Alltag brauche ich, die mich realisieren lassen, dass alles sicher ist und eine Konstante hat. Dazu gehören gewisse Angewohnheiten und Rituale. Zum Beispiel stelle ich lieber meine komplette Wochenendplanung auf den Kopf, nur um den Sonntag gemütlich zu Hause auf dem Sofa ausklingen zu lassen. Handy aus, Tür zu, Decke hochgezogen, das kalte Radler steht auf dem Tisch und um Punkt 20:15 Uhr ertönt die Melodie im Fernsehen, die den gemütlichen Abend perfekt abrundet. Die Stimmung ist eine Mischung aus Spannung und Sonntagsmelancholie. Der Karton, der auf meinem Schoß steht, wärmt mich durch die Decke hindurch, ich öffne ihn und der Duft erfüllt das ganze Wohnzimmer. Pünktlich zum ersten Mordopfer beiße ich genüsslich in meine Pizza und lasse mir den wunderbaren Geschmack auch nicht durch die zweite Leiche verderben. Ein Klacks Tomatensoße tropft herunter und ich frage mich, ob die Drehbuchautoren wohl auch so oft Pizza essen.

🪩 Lass dir Pizza nach Hause liefern.

LUFTGITARRENSOLO UND LACHANFÄLLE

Der Musikclub unserer Jugend macht dicht und schmeißt nochmal eine Abschiedsparty. Klar, dass wir am Start sind! Bereits beim Vorglühen fühlen wir uns wieder wie Teenies, kichern und erzählen uns alberne Geschichten. Nur das Kindergetobe um uns herum lässt uns realisieren, dass seit damals ein paar Jahre vergangen und viele von unserer Mädelsgruppe nun Mamas sind. Heute sind die Papas dran und die flotten Muttis ziehen wie in alten Zeiten los. Es bedarf keinerlei Absprache, wie wir uns alle zusammen in ein winziges Auto quetschen, die Musikanlage übersteuern und ganz selbstverständlich die nächste Tankstelle anfahren, um noch eine Flasche Sekt abzuholen. Der Weg bis zur nächsten größeren Stadt fliegt an uns vorbei, es gibt die ersten Beschwerden über unbequeme Schuhe und Laufmaschen. Es hat sich nichts geändert. An der Einlasstür bangen wir darum, nach dem Ausweis gefragt zu werden. Vergeblich. Es sind offensichtlich doch ein paar Jahre vergangen. Da stehen wir alle gemeinsam vor der Tanzfläche und kommen uns vor wie auf einer Zeitreise. Es fühlt sich unrealistisch an und hat einen nostalgischen Beigeschmack. Eine Runde an die Bar, eine Runde auf das viel zu kleine Klo. Wir witzeln gerade wieder rum, als die ersten Takte eines unserer Lieder ertönen. Es bedarf nur weniger Blicke und wir eröffnen feierlich die Tanzfläche. Wir wirbeln, was das Zeug hält, erfinden wieder einmal die abgefahrensten Moves und geben herzlich wenig darauf, was die anderen Gäste über unsere Tanzeinlagen denken mögen. Dem DJ gefällt es und ich glaube, er dreht die Musik noch lauter. Der ganze Raum wummert und das Licht flackert im Takt. Meine Mädels kennen jede einzelne Zeile und singen lauthals mit, begleitet von Luftgitarrensolos und Lachanfällen. Ich nippe an meinem Getränk, muss laut prusten und bin dankbar für diesen würdigen Abschied.

🌿 Geh mit deinen Freunden wild tanzen und feiern.

VON TRÄNEN UND REGENTROPFEN

Glücksmomente sind wichtig und wir können uns schulen, positive Haltungen zu festigen und dadurch diese Momente zu stärken. Besonders wichtig ist es, im Hier und Jetzt zu leben. Schmerzhafte Erlebnisse wie Krankheit, Verlust, Tod und Schicksalsprüfungen gehören dazu. Aber viele der negativen Gefühle haben nichts mit Tatsachen zu tun, sondern damit, dass wir oft im Vergangenen gefangen oder mit Zukunftssorgen belastet sind. Das lässt sich durch das Üben, ganz im gegenwärtigen Augenblick zu leben, vermeiden.

Wenn wir regelmäßig Achtsamkeitsübungen anwenden, hat das sehr starke positive Wirkungen, die auch wissenschaftlich bewiesen sind. Ich selbst praktiziere dies seit über 40 Jahren und bemerke, dass es mir leicht fällt, mich in einer angenehmen Umgebung ganz diesem Erlebnis in innerer Stille hinzugeben, ohne dass störende Gedanken mich ablenken. Bei schwierigen Erfahrungen merke ich, wie die innere Schulung mir hilft, Gleichmut und Standhaftigkeit zu bewahren.

Der Moment, in dem meine Mutter starb, war für mich natürlich ein schmerzhafter Verlust. Dennoch war es mir möglich, die positiven Aspekte dieser Situation zu schätzen und mich darauf zu konzentrieren, dass sie ein schönes und erfülltes Leben hatte und ich freue mich, dass wir bis zum Ende eine liebevolle Beziehung hatten. Ich konnte so die Trauer des Verlusts akzeptieren und versuchte nicht, sie zu verdrängen, sondern sie als die andere Seite der Liebe anzunehmen. Ich meditierte dabei über einen schönen Satz von meinem Lehrer Thich Nhat Hanh: »Die Tränen, die ich gestern vergoss, sind Regentropfen geworden.« Es ist ein schönes Bild dafür, wie der Schmerz in etwas Positives, Lebensförderndes umgewandelt werden kann. Diese Beschreibung schafft einen guten Übergang von Hedonia: glückliche Momente erleben, zu Eudämonia: ein gutes, sinnvolles Leben zu führen.

– Dr. Ha Vinh Tho (Programmdirektor des Gross National Happiness Centre Bhutan)

🐚 Beobachte deine Gefühle genau. Schau, was du aus ihnen lernen kannst.

POST VOM RHEIN

Es ist schon eine Weile her, dass ich gebannt vor dem Radio saß und eine meiner Lieblingssendungen hörte. Hier werden die unterschiedlichsten Menschen und Themen vorgestellt und es ist jedes Mal wieder faszinierend, wie vielseitig und interessant es ist. Dieses Mal geht es um die Leidenschaft eines Herrn – er berichtet in einer ruhigen Stimmlage darüber, dass es für ihn nichts Schöneres gebe, als auf Flaschenpostsuche zu gehen. Wie er Nachmittag für Nachmittag an den Ufern der Flüsse entlangspaziert, um geheimnisvolle Post zu entdecken. Er hat das im Laufe der Jahre perfektioniert und gibt den einen oder anderen Tipp preis. Ruhe und Geduld lauten hier wohl die Zauberwörter. Genau mein Ding …

Der nächste Spaziergang mit meinem Hund geht, wie der Zufall so will, am Rhein entlang. Als ich den Fluss vor mir fließen sehe, erinnere ich mich an die Geschichte und gehe weiter die Böschung hinunter. Es dauert keine zwei Minuten und ich sehe es zwischen den großen Steinen funkeln. Es liegt leider einiges an Müll herum, aber dieses Blitzen fällt mir sofort ins Auge. Ich kann es nicht fassen: Es ist tatsächlich eine Flaschenpost. Mit zittrigen Händen öffne ich die alte Flasche und hole den gut erhaltenen Zettel heraus. Es handelt sich um die Nachricht eines fröhlichen Geburtstagsgastes, aber ich folge den Zeilen nur flüchtig, denn ich bin von der Situation an sich so überwältigt, dass ich mich vor lauter Freude kaum konzentrieren kann. Die kleine alte Flasche steht nun stolz im Regal als kleine Erinnerung, eines Tages werde auch mal eine lossenden und mich gespannt fragen, wer sie wohl finden wird.

🐚 Schreib eine nette Nachricht und verschick sie mit einer Flaschenpost.

WILDE WIESEN

Es ist ein heißer Junitag und die Hochzeitsvorbereitungen laufen auf Hochtouren. Morgen ist es so weit und alle wuseln wild umher, um

Technik, Essen, Musikauswahl und Getränkekühlung in den Griff zu bekommen. Und obwohl ich zwischen Tausenden Listen versinke und alle zwei Minuten jemand etwas von mir wissen will, bin ich die Ruhe selbst. Bodenständig, rustikal und selbstgemacht ist unser Motto, was alles sehr spannend und familiär, aber nicht unbedingt leichter macht. Tische und Klappstühle stehen schon im großen Garten, die Sonnenschirme sind aufgespannt, aber noch kein einziges Blümchen schmückt das Haus. In dem ganzen Riesentrubel schnappe ich mir meine Mama und wir ziehen in die nahe liegenden Felder. Gerüstet mit großen Körben und Scheren machen wir uns auf in die bunten Wiesen, die unter der heißen Mittagssonne glühen. Es zirpt und raschelt, summt und brummt und in der Ferne flimmert die warme Luft am Horizont. Da stehen wir also fernab aller Vorbereitungen und To-do-Listen, genießen die Ruhe und den Ausblick auf die wilde Sommerwiese. Überall die schönsten Blüten in allen Farben, die schon darauf warten, all die Tische morgen schmücken und die Gäste erfreuen zu dürfen. Wir schlendern Ewigkeiten durch das hüfthohe Gras, lassen uns kitzeln und pieksen und von der Blumenpracht zu den schönsten Sommersträußen inspirieren. Diesen stillen Moment zusammen mit meiner Mama und dem einzigartigen Sommerduft werde ich nie vergessen.

🐚 Geh über eine wilde Blumenwiese.

KINDERKUSS

Zusammen mit vielen guten Freunden sind wir auf einem außergewöhnlichen kleinen Musikfestival, das jedes Jahr regional von Bekannten organisiert wird. Auf einer alten Burg findet es hoch über der Rheinebene statt, auf die man einen atemberaubenden Ausblick hat. »Konnschd gugge bis Lu!« ist das Motto, wobei »Lu« hier für die

Stadt Ludwigshafen steht und sie haben Recht: Während die Bands der unterschiedlichsten Musikrichtungen spielen, schweifen die Blicke des Öfteren von der Bühne hinunter ins Tal ab und die Mischung aus wummernden Bässen, dem weichen Gras und dem Apfelwein lassen einen den Alltag völlig vergessen. Alle meine Lieben sind beisammen. Samt ihren kleinen Familien. Kinder springen mit großen, bunten Kopfhörern umher und tanzen  zu der Musik, als gäbe es kein Morgen mehr. Das ist ansteckend. Der Kleinste einer meiner besten Freundinnen ist noch nicht einmal drei Jahre alt und rockt die Tanzfläche wie ein ganz Großer. Ausgelassen wirbelt er umher und lässt sich von den Melodien treiben, ihm ist es gleich, was alle anderen denken. Von ihm kann ich lernen. Ich geselle mich zu ihm und seine kleinen Ärmchen strecken sich zu mir aus. Ich hebe ihn hoch und wir drehen uns. Er drückt mir einen herzlichen, feuchten Schmatz auf und strahlt mich anschließend stolz über beide Ohren an. Ich knutsche ihn zurück und während wir uns weiter im Kreis drehen, spüre ich diesen liebevollen Kinderkuss auf meiner Wange, bis er vom Wind verflogen ist. Das ist das Leben und ich darf mittendrin sein.

🐚 Lass dich von Kindern herzen. Und herze zurück.

LUST AUF GLÜCK? JETZT BIST DU DRAN!

Beim Suchen und Finden, Reflektieren und Schreiben der Geschichten habe ich viele dieser wunderschönen Momente noch einmal durchlebt und mich oft dabei ertappt, wie ich lächelnd dasaß und wie wild in die Tasten haute – ich war voll im Flow!

Auch von den vielen Menschen, die an diesem Buch mitgewirkt haben, habe ich dieses Feedback erhalten. Schon allein sich die Zeit zu nehmen, um über seine persönlichen Momentaufnahmen des Glücks nachzudenken, setzt viel positive Energie frei.

Du hast viele Einblicke erhalten in persönliche Erlebnisse sehr unterschiedlicher Menschen. Du hast erfahren, wie andere das kleine Glück suchen und finden und hast sicher die eine oder andere Idee mitgenommen, wie du auch einen Beitrag zum Bruttonationalglück leisten kannst. Los geht's, probier es aus! Was erlebst du dabei? Wie sind die Reaktionen deiner Mitmenschen? Wie fühlst du dich dabei, im Kleinen unsere Gesellschaft zu verändern?

Es gibt so viele Glücksdefinitionen wie es Menschen gibt und dementsprechend viele Geschichten. Wie lauten deine? Mach mit und sammle sie zusammen mit der Glückscommunity oder komm vorbei und lass dich inspirieren:

www.MinisteriumFuerGlueck.de/DasKleineGlueck

LASS DICH INSPIRIEREN!

Wenn du noch weiter stöbern und Ideen sammeln möchtest, lege ich dir unter anderem diese Webseiten ans Herz:

www.7mind.de
www.ageofartists.org
www.akademiefuerpotentialentfaltung.org
www.cittaslow.org
www.corporate-happiness.de
www.deidesheim.de
www.dorettesegschneider.de
www.ecogood.org
www.elmar-rassi.de
www.emotion-slow.de
www.enorm-magazin.de
www.feuerborn.eu
www.fritz-schubert-institut.de
www.gedankentanken.com
www.gemeinsam-leben-lernen.com
www.gerhardschick.net
www.glueckfinder.com
www.gluecksstifter.de
www.gnhcentrebhutan.org
www.happiness-research.org
www.hartzivmoebel.de
www.hermann-e-ott.de
www.humor-hilft-heilen.de
www.ilonabuergel.de
www.kuestenmacher.com

www.ppc-berlin.de
www.ruckriegel.org
www.simone-langendoerfer.de
www.sozialhelden.de
www.spiegelneuronen.info
www.steffiburkhart.de
www.stephangruenewald.de
www.tandemploy.com
www.tomoff.de
www.veitlindau.com
www.whathappinessis.de
www.zeit-statt-zeug.de

Wenn du mehr über die Künstlerin hinter den tollen Illustrationen erfahren möchtest, schau doch mal hier vorbei: blog.sandraschulze.com

Da es mehr Spaß macht, Veränderungen gemeinsam anzugehen, möchte ich mich an dieser Stelle bei allen Beteiligten bedanken, die an diesem Buch mitgewirkt haben! Danke, dass ihr eure Gedanken und Gefühle geteilt habt und dazu beitragt, Menschen zu inspirieren!

Anleitung zum Glücklichsein

Sonja Lyubomirsky
Glücklich sein
Warum Sie es in der Hand haben, zufrieden zu leben

2018. Ca. 356 Seiten. Gebunden

Auch als E-Book erhältlich

Für unser Glücksempfinden ist zu 50 Prozent unsere Grundeinstellung verantwortlich, zu zehn Prozent sind es die Lebensumstände und zu erstaunlichen 40 Prozent können wir selbst aktiv Einfluss darauf nehmen. Zu dieser Erkenntnis kommt die renommierte amerikanische Psychologin Sonja Lyubomirsky in ihrem hier frisch überarbeiteten Standardwerk. Im Zentrum steht dabei ein wissenschaftlich fundiertes Modell, das uns hilft, aus zwölf Glücksaktivitäten die eigene Glücksstrategie zusammenzustellen. Denn: Glück hat nichts mit dem Glauben an Gurus oder dem Lesen von Kalendersprüchen zu tun. Vielmehr können wir uns bei wissenschaftlichen Fakten bedienen, um dem Glück auf die Sprünge zu helfen!

campus.de

Frankfurt. New York

Der Reißer unter den Abreißkalendern

Werner Tiki Küstenmacher
simplify your day 2020
Einfacher und glücklicher leben

Illustrierter Taggesabreißkalender
320 Seiten

»Da legst di' nieder!« Unser Tagesabreißkalender »simplify your day« läutet das Jahr 2020 ein! Unermüdlich sammelt und zeichnet Werner Tiki Küstenmacher Tipps und Tricks, mit denen wir unser Leben einfacher und glücklicher machen können. Soll die Zeit ruhig rennen, wir entschleunigen ein weiteres Jahr mit dem »simplify«-Kalender!

campus.de

Frankfurt. New York

GEMEINSAM LEBEN LERNEN
Gesundheit, Glück und Verantwortung in die Schulen

MATERIAL ZUM FREIEN DOWNLOAD!

GLÜCK MACHT SCHULE

Wenn man nicht für die Schule, sondern für das Leben lernt, dann doch am besten das, was man wirklich braucht im Leben: Körperliche und seelische Gesundheit und ein gutes Miteinander.

GEMEINSAM LEBEN LERNEN

ist ein erfahrungs- und erlebnisorientiertes Programm für Schüler der Klassen 1 bis 6. Trainiert werden persönliche, psychologische und soziale Kompetenzen. Informationen über die Angebote der Lehrerausbildung und kostenfreies Ansichtsmaterial gibt es hier:

www.gemeinsam-leben-lernen.com

EINE INITIATIVE VON

↗ DIE STIFTUNG VON DR. ECKART VON HIRSCHHAUSEN